TAJIMI CITY
Booklet No. 2

転型期の自治体計画づくり

松下 圭一
法政大学名誉教授

目次

［1］自治体計画はなぜ必要か

自治体計画のつくり方について述べさせていただきますが、広域自治体の県レベルでもつかえますけれども、基礎自治体の市町村レベルを中心に考えていくことにします。もちろん、「科学」の名による絶対「正しい」つくり方はありません。ですから、政治の知恵ないし実務をめぐって、私なりの論点整理ないし問題提起として述べさせていただくことになります。多治見市の自治体計画は、多治見市で、自由に、市民参加、職員参加の手続をふまえて、長・議会が決定をされればよいのです。まず、自治体計画はなぜ必要か、から始めさせていただきます。

本来、自治体計画はその自治体自身でつくるべきは当然です。だが、まだ、シンクタンクなどに高額を支払って外注をする自治体もみられますし、あるいは内部でつくっても庁内の企画課だけの作文というような自治体もあります。多治見市は実際にはむつかしい問題点をもつ市民参加、職員参加の手続でつくろうとされています。ここに、まず、敬意を表したいと思います。

長期・総合計画や個別施策をふくめて、政策づくりの外注は、とくにあってはならない事態です。シンクタンクなどは土地カンがありませんし、その自治体固有の問題もわかっていません。しかも、村用、町用、あるいは五万都市用、一〇万都市用、三〇万都市用といったモデル計画やモデル施策を「既成商品」としてつくっていて、わずかに文章を手直しし、自治体の名前をつけかえた作文をもってくることもあります。

外注あるいは企画課だけでみかけだけの作文としてつくった計画ですと、その自治体では、市民、職員、それに長、議員にも、計画策定の〈経験〉つまり手法・手続、また考え方を蓄積できなくなってしまいます。このとき、議会も一応の審議をしますけれども、無難ないかにも「基本構想」というみかけだけの空虚な文章を、議決してしまうことになります。

自治体計画の策定には、市民参加、職員参加、また議員も自由討議をするため全員協議会というようなかたちでの議員参加の手続で、議論を積み上げることが不可欠です。みずからが参加してつくった計画ですと、市民も当然自発的にその実現に参画します。職員も自ら責任感をもつ。議員も単なる批判に留まりえない。できあがった計画の水準がもし低くても、〈経験〉としての参加が不可欠の手続なのです。

それに、計画は何年かの後にかならず見直しをするわけですから、計画の実現過程で出てくる問題点を次の計画見直しのときに取り入れて修正し、次は水準の高い計画がつくれることになります。つまり、その自治体に計画手法ないし計画手続が〈経験〉として蓄積され、計画水準が上昇するわけです。企画室作文や外注作文では、この手法・手続の蓄積ないし水準の上昇がその自治体ではできず、自治体としての失格となります。しかも、この〈経験〉をめぐる論点は、現場を知らない、いわゆる「学者」が理解できないツボなのです。

以上をふまえて、計画課題の変化、計画づくりの手順、計画の構造・内容・主題、ついで情報公開と計画書のあり方などを、順次お話ししていきます。とくに、計画書の長さはあまり注目されませんが、これは大事です。厚い計画書では誰も読まないではありませんか。最後に、実現過程の問題点を整理します。実現方法まで討議して計画に組み込むことが大切です。計画をどういうシクミで実現するか。この議論がなければ、それこそ作文に終わります。

とくに、《転型期》という今日の問題状況については順次お話ししていきますが〔拙著『転型期自治体の発想と手法』二〇〇〇年、公人の友社参照〕、官治・集権型から自治・分権型への《転型期》にある今日の自治体の長期・総合計画づくりは、市町村、県を問わず、地域づくりがその自治体独自の政治・行政責任であることを、あらためて明確に自覚していく機会となるはずです。

国レベルでの戦略性をもった、戦後の中進国型の経済計画・国土計画については、その後、省庁縦割が強くなったこともふくめて、最近では計画策定をやめるかが論点になってきました〔二〇〇一年の省庁再編時に担当庁の経済企画庁、国土庁の廃止で実質終わる〕。経済計画・国土計画の策定の過程では、政官業縦割複合のなかで、予算獲得のためバラバラにつくられる、各省庁の局課別縦割の、各種「行政計画」が独走するためです。国の省庁では、日本の中進国段階での『所得倍増計画』、あるいは『日本列島改造計画』というような、国単位のマクロ発想の時代は終わったのです。

今後は、この縦割省庁がもつ権限・財源の〈分権化〉が、〈国際化〉とともに不可欠となります。自治体レベルでこそ、今後も長期・総合計画の策定というかたちで、整合性のある権限・財源の長期・総合運用が問われるのです。これからの自治・分権段階では、少子高齢社会にはいるとともに、とくに今日緊急の(1)分権改革、(2)財政破綻による《自治体再構築》をめぐって、各自治体が「持続可能か」というかたちで、個別に、政治・行政責任が問われるのですから、これまで以上に、なおさら長期・総合計画が重要になります。

自治体では、縦割の「事業部制」をとっている国の省庁とは異なって、市町村、県ともに長を頂点とするピラミッド型の「部課制」をとるため、長期・総合計画の策定が可能であるとともに、不可欠となるのです。そのうえ、とくに転型期の今日、短期には自治体財政破綻、長期には自治体人口減少をめぐって、ムダな政策を阻止するだけでなく、分権改革をふくめた《自治体再構築》のためにこそ不可欠です。でないと、自治体は、その権限・財源によって政策資源を再選択・再配分し、《自治体再構築》のための地域総合を発揮できないではありませんか。

明治以来、「行政とは、法の執行である」と教科書で教えられてきました。大学の法学部の授業でも、いまだにそのように教えています。ここで法の執行とは国法の執行です。そのため、各自治体では、実質は各省庁縦割の国法、これにもとづく政令、省令、さらに通達、補助金、つまり縦割省庁をみながら仕事をしてきたわけです。これでは、独自の政治・行政責任をもつ、《政府》としての自治体とはいえません。全国基準としての国法は尊重しますが、この国法も各自治体が自治運用つまり自治解釈、さらに自治立法にもとりくみながら、各自治体独自の地域づくりをおこなって、自治体ははじめて《政府》としての自治体たりうるわけです。

すでに、一九六〇年代以来、日本の近代化は一応の成熟をみ、都市型社会に入りはじめ市民活動が出発したため、地域づくりについての考え方が変わりはじめます。まず、自治体の出発点は国ないし省庁ではなく、市民だという確認が基本となってきました。地域特性をもっている市民生活の課題をそれぞれの市町村が政策・制度化しながら受け止め、ついで県、最後には国の政策・制度を変えるという考え方が必要となってきたのです。拙著『市民自治の憲法理論』（一九七五年、岩波新書）は、この論点を提起いたしました。

いわゆる国家からの「官治・集権政治」を、市民からの「自治・分権政治」に変えるとは、まずこの発想転換を意味します。とくに一九六〇年代からはじまり一九八〇年代以降は、日本も近代化の成熟となる都市型社会となったため、国による〈近代化〉の推進から、市民による〈生活〉問題の解決へと、日本全体の政治・行政課題が一八〇度変わってきました。ですから、この政治・行政課題の転換に対応できない国の省庁官僚や自治体職員の威信は、二〇〇〇年前後の今日では、「汚職」ばかりだけでなく、「行政の劣化」というかたちでこそ、失われてしまったのです〔拙著『自治体は変わるか』一九九九年、岩波新書参照〕。

現在、日本が転型期にあるという自覚をもたない国レベルの政治家、省庁官僚は、国全体のあり方の転換についての全体構想はもちろん、個別・具体の政策開発能力すら、もうもっておりません。これが省庁縦割の「政官業癒着」による、政策課題の先おくりないし抵抗の問題です。ひろくみますと、今日では、市民からの問題提起を直接受けとめている先駆市町村が政策開発の尖端にいます。県は国の出先としての〈官〉という意識がいまだに強く、省庁官僚の県庁への天下りもつづき、口先の目立つ官僚出身知事がいる県をふくめて、先駆県は少ないといってよいでしょう。

市町村が独自の政策、つまり施策・計画をつくっても、〔二〇〇〇年分権改革以前には〕県は「法律上できない」「、あるいは「国の考え方に反する」などと押さえつけがちでした。だが、県は、本来、「基礎行政」をになう市町村の「補完行政」が課題ですから、市町村とともに考える県になっていくべきなのです。

このため、先駆市町村は、県が「わが」市町村の独自政策に反対するときは、直接、国の省庁へ行き、県を素通りしていきます。たしかに国は全体としてその財政は破産状態ですけれども、各省庁は縦割でムダづかいのための予算をたっぷりもって放さない。しかも、予算を使い切らなければ、大蔵省から次年度に減らされてしまうので、使い切りたい。そうしますと、省庁官僚は先駆市町村の独自政策にたいして、将来この省庁での全国施策化を視野にいれながら、県を素通りして補助金をつけていくことになります。補助金はなくした方がよいのですが、あるかぎりは必要なとき自治体はこれを使わざるをえません。

しかし、もう下水道を除けば、憲法二五条でいう「最低限度」の〈生活権〉保障をめざした国基準のナショナル・ミニマムの量充足がほぼ終わって、既成の定型補助金の意義が失われています。このため、国の省庁は定型補助金の財源を分権化し、補助金というシクミそのものを今日では廃止すべきなのですが、市町村がつくりだした独自政策を補助金の新しいタネとしてさがして、またムダを重ねていくというのが実状となっています。

今日、画一全国基準としてのナショナル・ミニマム、つまり国法基準の《量充足》という課題はほぼ終わり、自治体による地域個性をいかす《質整備》をめざしたその再編が急務となってきました。当然、現在の市町村でこそ、市民福祉、社会基盤、緑化・環境などのネットワーク計画、またこれらを結びつけるいくつかの特定地区再開発というプロジェクト計画によって、地域個性をもつ地域づくりが中心課題となっています。また、県では広域交通、産業戦略、あるいは大型専門施設、さらに大型環境保全という広域計画が主要課題となります。各市町村、各県ともに、それぞれ地域個性をもつ独自課題に対応しうるシビル・ミニマムの《質整備》へと、計画課題が変わってきたのです。

基本としては、市町村は基礎自治体で「基礎行政」をおこないます。県は広域自治体として、基礎自治体のできにくい前述した広域・専門政策、つまり基礎自治体の「補完行政」を課題としています。たとえば、県は市町村道より幅の広い幹線の県道をつくり、あるいは高度医療専門病院などの広域・専門事業をうけもちます。しかも、この市町村、県のそれぞれの独自課題が、国基準の《量充足》型から、新しく地域個性をいかした《質整備》型に変わってきているわけです。

ここで確認したいことは、それぞれの市町村や県が自治体としての個性ある独自政策を策定・実現するにあたっての、全国基準が国法だということです。だから、自治体が執行するのは、国法の執行ではありません。基礎自治体としての多治見市の皆さんが責任をもってつくった個別施策ないし総合計画を実現するのが、「わが」多治見市の課題なのです。岐阜県の課題についても同じことがいえます。いわば、国法は市町村、県にとって全国基準にすぎません。

実際、橋の強度の実験を三〇〇〇余の自治体がそれぞれおこなう必要はありません。市町村や県と協議しながら、国が全国基準をつくってよいわけです。しかし、大型ダンプカーがどんどん通るようなところでは、この国の基準に上乗せして、自治体は国基準以上にしっかりした橋をつくる。

それゆえ、国法は全国基準として尊重されるにとどまり、自治体の政治・行政はこの国法の執行ではありません。国法は、皆さん方の多治見市が地域個性をもつ質のたかい政策、つまり施策・計画をつくり、かつこれを実現するときの全国基準として尊重するにとどまります。そのうえ、この国法の選択・複合・解釈、つまり「運用」もまた、多治見市の責任でおこなえばよいのです。さらに国法の自治運用だけで解決できないときは自治立法にとりくむことになります。〈自治体法務〉の課題がこれです。

この自治体法務のためには、法務職員を養成しなければ、日本の自治体は分権段階に対応できません。まず、国法をどう運用するか。多治見市の質のたかい計画ないし施策にもとづいて国法を自由に運用すればよいのです。法学者や弁護士の理論、裁判所の判例も参考意見にすぎません。しかも、全国画一、省庁縦割の国法にはザル法や時代オクレが多いため、国法の運用だけで間に合わないときは、多治見市は自治立法として独自の条例をつくることになります。

市でしたら最低一〇人ぐらいの法務担当職員を養成していく必要があるでしょう。そこで、もし、国との間で法務争点が出てきたときは、最後は裁判所で決着をつけるか、国法改正をめざせばよいわけです。市町村、県、国つまり政府間の司法調整、立法調整がこれです。

もちろん、この自治体法務の自立は、職員が個人として誰もが勝手にすすめるのではなく、長・議会の責任で、多治見市の「法務」としておこなうということを意味します。これが文書係にかえて新設すべき法務室の担当課題となります。ことに、今後、『地方自治法』の改正によって「機関委任事務」が廃止されれば、法的効果をもつ〈通達〉はなくなるのですから、条例立法をふくむ法制の自治運用が基本として不可欠となるため、各市町村、各県における〈法務室〉の整備は急務となります。

以上の前提のもとで、私は独自の自立した政策開発能力をもつ自治体を「先駆自治体」、今でも国の基準どおりにしか動かない自治体を「居眠り自治体」と位置づけてきました。それだけではありません。多治見市役所の中でも、人材を育てようとする課はたえず政策革新をおこなっていきます。

すでに機関委任事務ではなくなっている高齢者介護についてみれば、多治見市は県庁所在市の岐阜市、あるいは高齢者の多い中山間地の町村とも、異なった介護システムを「発明」しなければ、具体的に介護にとりくめないではありませんか。厚生省はアバウトな国基準をつくりますが、高齢者介護を「機関委任事務」からはずしたのは、全国一律の手法ではやれないからです。としますと、ある課は人材がいないため国や県のいうとおりに動いているならば、居眠り課ということになります。先駆課と居眠り課とのズレが、各自治体組織の中にもおきるわけです。

今日、明治以来はじめて、官治・集権トリックの「機関委任事務」方式の廃止という『地方自治法』の本格改正というかたちで、日本の政治・行政は、各自治体独自の政策自立をいかす自治・分権段階にはいりはじめてきたといえますが、今回の自治体計画の考え方としては、この《転型期》をめぐる以上のような考え方への、新しい飛躍が必要となっています。

［2］自治体計画の課題変化

県は一九五〇年代、市町村は一九六〇年代から、前述の国の計画と対応して計画をつくり始めています。自治体が計画をつくり始めるようになって、一九六九年、国は『地方自治法』二条⑤で市町村にのみ「基本構想」の策定を義務づけをしました。県は基本構想をつくらなくてもよいのです。なぜでしょうか。

まず、県についていては戦後改革で自治体になったはずの今日も、省庁の縦割行政によって、つまり縦割省庁からの機関委任事務＋補助金の方式ついで天下り人事で、国の省庁は県を出先と考えています。それゆえ、自治体計画による地域総合をさせないため、国つまりここでは自治省ですが、県を外さざるをえなかったのです。しかも、一九六三年の統一自治体選挙から市では革新自治体が群生し始めたため、市町村が「暴走」するかもしれないと恐れ、これを押さえるためにこそ、国、県のいう、いわゆる「上位計画」にしたがって、市町村は基本構想をつくれというシクミをつくったのでした。

ところが、この基本構想ないし総合計画は、市町村だけでなく県もつくるようになります。とくに市町村の計画は、市民による「シビル・ミニマムの空間システム化」をめざして、国や県から自立していくようになりました。市町村を押さえこむための計画づくりの法定が、市町村の政策自立を逆にうながしはじめたわけです。歴史の逆説といえるでしょう。

竹下首相が一九八九年、「ふるさと創生」の名のもとに各市町村に一億円の無責任なバラマキをやりました。このバラマキは一九六〇年代まではやれなかったでしょう。まだ、一九六〇年代では市町村は政策策定経験をもっていなかったためです。ほぼ、一九七〇年代になって、当時の革新自治体を先駆に市町村が政策自立能力をもち始めましたから、はじめてできたのです。それでも、この一億円をめぐって、自主的に政策づくりを行ったのは先駆自治体だけです。居眠り自治体ではシンクタンクなどに大金を払ってその使い方を依頼していました。

今日でもまだみられますが、「行政とは、国法の執行である」という、明治国家がつくりだした官治・集権型の考え方が続いているかぎり、市民、長・議員、また自治体職員も、自分達で政策策定ができるとは考えません。一九六〇年代から七〇年代にかけて群生した革新自治体が先導して、ようやく自治体の独自政策にむけての新しい発想と手法を開発しはじめ、自治体の自立が始まったのです〔拙著『日本の自治・分権』一九九六年、岩波新書〕。その結果、来るべき二〇〇〇年の分権改革、つまり明治以来の官治・集権政治のトリックである「機関委任事務」方式の廃止をめざした『地方自治法』の大改正を基軸に、自治体は《転型期》にはいります。

だが、日本経済が高成長ついでバブルをへて、経済の長い構造不況におちいったため、今日の自治体はあらたに財源をめぐって厳しい転型期にはいったことも、はっきり自覚する必要があります。いわゆる高成長期やバブル期には、自治体の右肩上がりの財源増があったため、いわばビルド型の政策をくりひろげることが自治体計画の課題とみなされがちでした。これまでは、自治体計画とは地域づくりの夢を膨らませることだったのです。しかし、バブルがはじけ、ことに一九九七年以降マイナス経済成長となって、自治体の財政状況は大きく変化し、しかも日本が成長率の低い先進国経済にはいるため、ここからも《転型期》にはいるわけです。

まず第一に、財源の自然増はもうのぞめません。一九六〇年前後は、年率一〇%前後もある経済成長をしていました。しかし、この高成長率は日本が中進国状況だったためで、先進国状況に近づくにつれて、だんだん下がっていきます。途中バブルもありましたが、一九九七年になりますと国の経済運営の失敗もあって、ついにマイナス成長となってしまいます。マイナス成長ですから、自治体の税収も急速に縮少します。

とくに県は法人税の比重がたかいため、これまで財政規模が水膨れしていた大都市圏の東京都、神奈川県、千葉県、大阪府など、あるいはムダな事業を重ねたたとえば岡山県などは財政破綻状況となります。市町村の財源は景気による変動が県に比べて少ないのですが、それでも今日ではデフレ型のマイナス成長のため、賃金が下がる、企業も倒産する、商店街も閑散としている、失業者も増える、といった状態になり、市町村も税収減となってきました。この「減収」に、不況対策としての「減税」、これらをめぐるあらたな「借金」（起債）もくわわります。自治体では実質年度と課税年度に二年のズレがありますから、二〇〇〇年前後からさらに財政急迫となるでしょう。

そのうえ、日本も先進国型の成熟経済となってきたため、景気が回復しても、欧米先進国と同じく、経済成長はよくて三％前後、普通は一％、二％と低くみておく必要があります。つまり、国のみならず、市町村、県も、中進国段階での高成長期、バブル期のような財源の自然増が期待できない状況に入ってきたわけです。これからは、従来のような財源の自然増は自治体ではほとんどない、とみていただきたいというのが、第一の条件変化です。

それから、第二の条件変化は、少子高齢社会に入ることです。日本全体の急速な人口減が基本にあり、しかもこの人口の高齢化による年金生活者の増加のため、ここからは税の自然減となります。しかも、今後人口増が想定されるのは、例外はわずかにあるとしても、ほぼ県庁所在市、政令市、東京都二三区の中心区にほぼかぎられますから、多治見市も人口減とその高齢化を覚悟すべきでしょう。

問題はそれだけではありません。自治体は、国とおなじく、これまでの「政策拡大」と異って、新しく「政策再編」にとりくむことになります。人生五〇年といわれて、明治以来、日本の自治体は子ども向けの政策に重心をおいてきました。ことに市町村は戦前は小学校、戦後はこれにくわえて中学校、続いて保育園、幼稚園が政策の中心課題でした。そのうえ、とくに多治見市では児童館、児童センターをたくさんつくりました。だが、これらの子ども向けの施設は、地域によって差はあっても、今日ではがらがらになり始めます。多治見市は幸いなことに名古屋の通勤圏であるため、まだ保育園、幼稚園、小中学校の空き率は少ないのですが、やがてこの空き率は増えていきます。全国的にみますと、とくに山村地区ついで都心地区ではこの空き率が多くなっています。

これまで、市町村、県をふくめ、教育委員会は学校を文部省縦割所管の「聖域」とみなし、物置にしか使っていないとしても、「空き教室」ではなく「ゆとりの教室」と述べ続けてきました。多くの県の教育委員会も空き教室率を発表しません。文部省も空き教室をつい最近まで認めていなかったのです。多治見市でも今後、少子化とあいまって人口が増えなければ、保育園、幼稚園、小中学校は空きますから、高齢者向け施設などへの転用、つまり〈政策再編〉を考えることになります。

これからは、景気がよくなっても財源の自然増があまりないのですから、高齢者用施設のため、新しい土地を買い、新しい施設をつくって、新しく職員を雇う、という財源の余裕はないとみるべきでしょう。介護にみられるように市場原理の活用が基本となるとともに、自治体としては子ども用施設を高齢者用施設に転用していくのは当然となります。文部省は厚生省とともに、会計検査院の指摘もあって、ようやく一九九七年の合同通達で、空き教室の福祉施設への転用をみとめ、「報告」事項にしました〔多治見市も二〇〇一年から、小学校空き教室をボランティアによる老人施設に転用しはじめている〕。

これまでは、『補助金等適正化法』により、主務大臣の許可がなければ、縦割省庁の補助金ができた施設の転用はできなかったのです。教育委員会も、「教育財産」という名のもとに、空き教室を死守しがちでした。もし、福祉関係施設は福祉財産、建設関係だったら建設財産、総務課所管は総務財産といって縦割で占拠したら、自治体のシクミ自体が、国の省庁のように縦割のバラバラになって、長期・総合計画ができなくなってしまいます。なお、この『補助金等適正化法』は、今日の政策再編時代には、省庁縦割を強化して自治体独自の改革を阻害しているのですから、自治体はその廃止ないし全面改正をうながすべきでしょう。

とすれば、学校から市民施設までのハコモノの再編をふくめて、政策再編から組織再編さらに職員再編を想定して、今回の計画にとりくまざるをえないことになります。もう、ナイナイづくし時代の中進国型高成長期、ついで財源にゆとりがあってムダをおこなったバブル期のように、財源の自然増を想定した施策・施設のビルド・アンド・ビルドによる「量充足」ないし量肥大型の段階は終わったのです。施策ないし施設のスクラップ・スクラップ・スクラップ・アンド・ビルドをふまえた、量縮少型の新しい「質整備」ないし質再生の段階に自治体は入ったといわざるをえません。この政策・組織・職員の再編をふまえた、「量」から「質」へという政策発想の本格的転換、つまり〈自治体再構築〉という意味でこそ、また今日を《転型期》ということができます。

［3］自治体の政策責任を問い直す

ここで、これまでの政策のあり方について、それぞれの自治体の責任を考えたいと思います。といいますのは、バブル期にムダづかいをした自治体は、財政で今日四苦八苦しています。東京都でも豪華な庁舎の建設から博物館、美術館の増設だけでなく、それにウォーターフロント問題、あるいは第三セクターのムダづかい問題があります。第三セクターでは宮崎のシーガイアもその典型です。市町村でも、背伸びして市町村レベルの政官業複合のなかで首長や議員がおどって、あるいは国、県の縦割「行政計画」に誘発されて、ハコモノづくりや土地造成などをおこなった自治体は、今日、極端な財政破綻に陥っています。

ハコモノを個別にみれば、補助金のあるときも起債の償還があるだけでなく、人件費、冷暖房費など施設のランニングコストが大きくのしかかっています。土地造成ではバブル崩壊による地価下落はもちろん、その土地も売れなくなり、起債の利子累積をうんでいきます。それゆえ、財源の自然増がないばかりか、さしあたりは経済不況による減収、減税、とくに浪費によるこの公債費の増大もあって、これからの自治体では政策・組織・職員の再編、つまりヤリクリをめざす「自治体財務」ないし「行政経営」という考え方の導入が不可欠となっています。

たとえば、これまで、ハコモノを企画立案するとき、人件費をふくめたランニングコストの増大を安易に考えてきました。しかし、一九七〇年代までと異なり、ハコモノをつくるセメント代よりも、人件費がたかくなり、それに冷暖房完備や高層化によるエレベーターのため、ランニングコストがかさむ時代になっています。

また、退職金積立、共済負担までふくめて自治体職員一人当たり平均年一千万円はかかるのですが、外郭組織あるいはいわゆる第三セクターでも常勤職員についてはその自治体の責任で人件費はほぼ同額かかるケースも多く、その経営に失敗すれば大変な赤字を重ねることになるわけです。

ある市で音楽ホールと演劇ホールをあわせもった立派な施設がありますが、使用料など収入を差し引いても、利子をふくめて収支計算すると年一億円の赤字、一〇年で一〇億円の持ちだしです。あるいは、宿泊施設をつくったある小さな町の話でも、その使用率が年平均一〇％くらいですから、幹部一人のみ職員を送りこみ、あとは非常勤数人でまかなっても、赤字が年数千万円、一〇年で数億円になっていきます。しかも、そこでは、官庁会計方式の大福帳発想ですから、もちろん償却という考え方もなく、補修・改築費の積立も考えておりません。

バブル期におどった自治体は、これからそのツケを払っていくわけです。それ以前にも、国内需要の拡大という名目で、地方交付税で面倒をみるからと、安易に自治省があふった単独事業その他で水膨れした自治体も財政的に行き詰まっていきます。一〇％までといわれる公債費負担比率が危険水域の一五％を超えた市町村は、一九九八年で、全国の市町村のほぼ半分といわれていますが、マイナス成長の不況による減収、あるいは減税、このための新起債もあって急速に自治体の財務実態は悪化しています。最後は「財政再建団体」といういわゆる自治体破産となりますが、自治省は自らの政策失敗が表に出る軒並み破産をおそれて事態をごまかしているだけです。

バブル期に大黒字の東京都もビッグ・プロジェクトを次々とおしすすめたため、ランニングコストの拡大もふくめ、すでに破産状態で、取り崩しうる積立金もほぼ取り崩し終わっています。多治見市の隣にある、冬季オリンピックにとりくんだ長野県・長野市の事例もよくご存知のことと思います。

図1　多治見市職員年齢構成

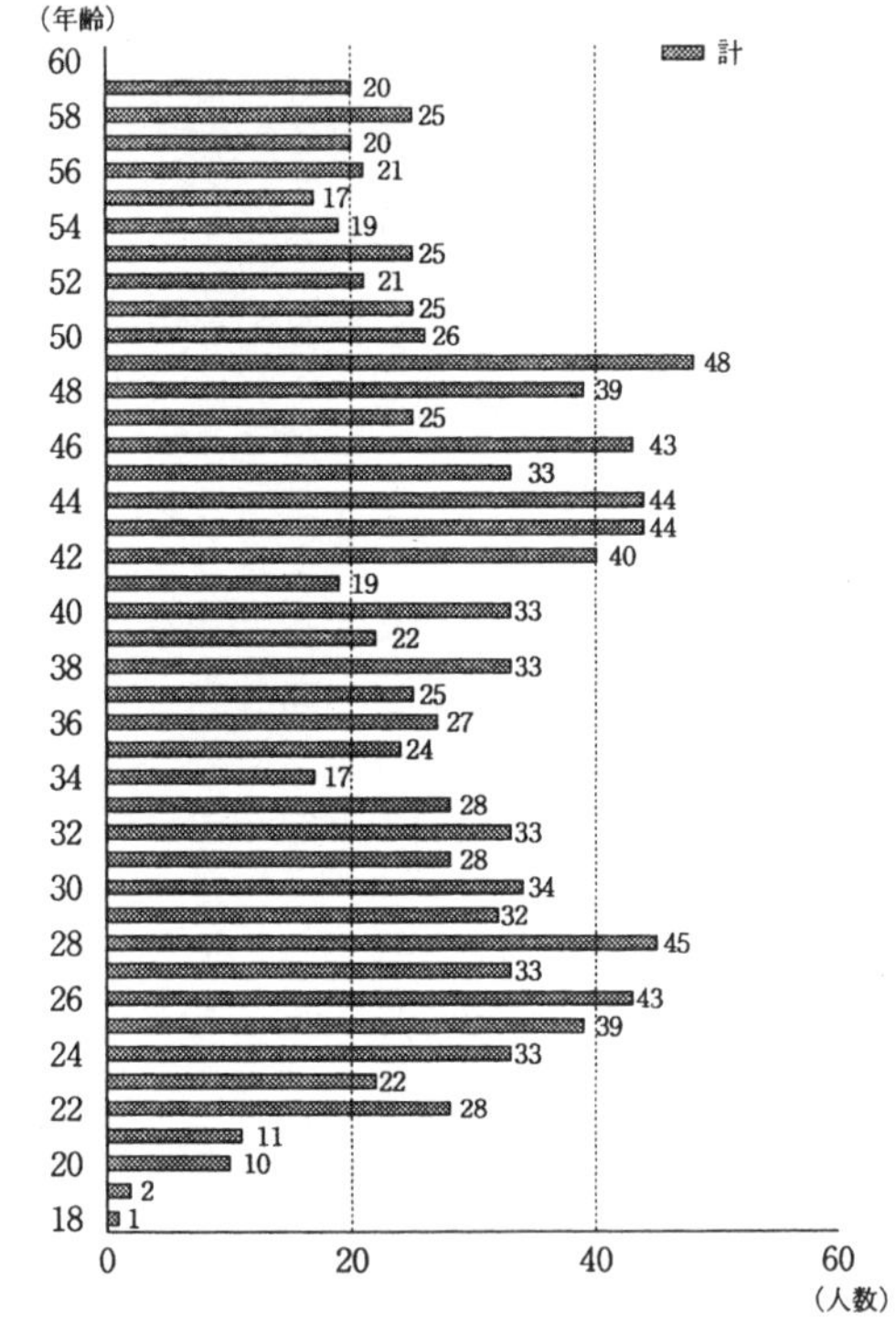

1998年4月1日

そのうえ、県は財政余裕があったころ、市町村にヒモツキ補助金のバラマキをしていました。だが、財政が実質破綻している東京都がこの市町村への補助金を打ち切りはじめ、切られる側の多摩地区の各市町村はその施策をやめるか、その施策を自己財源の持ちだしで続けていくのか、頭を悩ませています。そもそも、市町村独自の課題領域に、選挙などの思惑で、国のバラマキのマネをして、県がムダな補助金を出すこと自体が、国とおなじく間違いなのです。県は県独自課題領域でこそ責任ある施策を展開し、市町村の施策領域に介入してはいけません。

もちろん、財務係数の悪くない自治体もあります。しかし、ここで想起していただきたいのは、自治体は自治体税や国からの交付金で収入が保障されていますから、仕事をしなければ黒字だということです。ここが難しい問題です。財務係数がよくても、今日では下水処理率が三〇％にもみたない自治体は仕事をしていない居眠り自治体です。このバランスをいかにとるかが、それぞれの自治体の《財務》、つまり「政策選択」の責任なのです。

この《財務》には、さらに、退職金問題がつけくわわります。多治見市の職員年齢構成のデータを見せていただきましたが、**図1**のように、一九九八年現在、五九才が二〇人、五八才が二五人ですが、四九才の四八人から四二才の四〇人までがピークですから、ほぼ一〇年後に退職者が二倍になる時期がほぼ六年つづきます。この一〇年はアッというまにやってきます。

退職金をめぐっては、多治見市は若年職員層の急増という問題点をもちますが、これでも、さしあたり、高齢職員の年齢構成はよい方です。ここで**図2**を見てください。この**図2**は全国平均ですから、自治体によってはピーク時に今日の三倍以上になるところもあります。また、多治見市をふくめてどの県でも古い市は加入していないのですが、県単位での市町村間の退職金共同積立制度は、積立不足で退職者ピーク時には破綻するところもでます（拙稿「転型期自治体における財政・財務」公職研増刊『破綻する自治体、しない自治体』二〇〇三年三月刊に、二〇〇一年度の各県別で積立制度加入全職員一人あたりの積立実態（二一一万円の岩手県から三〇六万円の滋賀県までの間）をのせて

図2　自治体区分別、年齢別職員構成（一般行政職）　——1994年

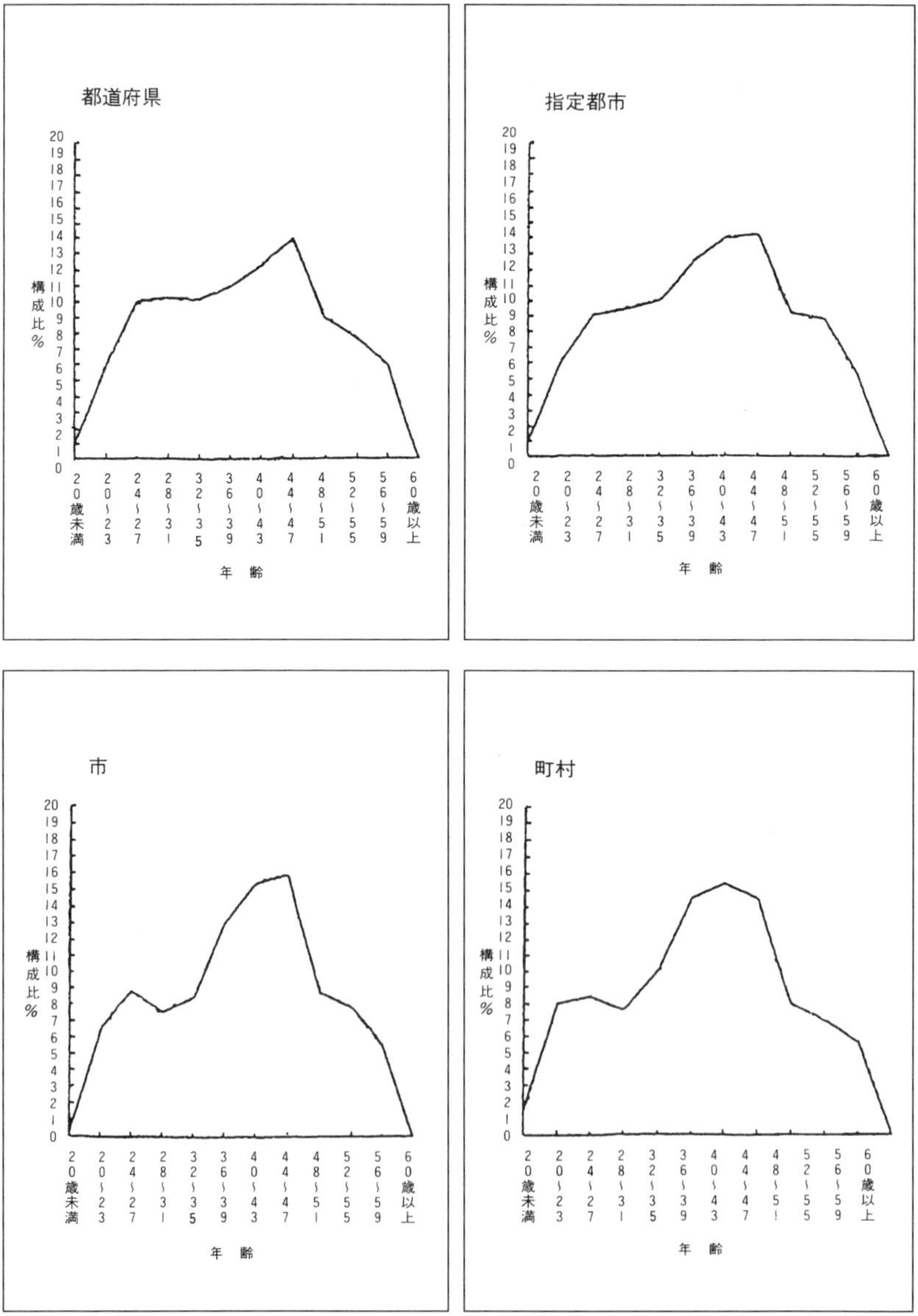

（出典　地方公務員給与制度研究会『地方公務員給与の実態』1995）

いるので、必見です〕。このため、各自治体はその年齢構成の実状をふまえて、別途、各自治体独自の退職金積立を今日から始めて、退職金共同積立との両建てにしないかぎり、退職金は払えません。また、この積立制度に入っていない市も当然、早急に独自積立が必要です。なお、国の責任の老齢年金と異って、退職金は条例事項ですから、各自治体の責任だという制度特性を強調しておきます。

東京都下でいうと、小金井市、国分寺市それから国立市と中央線沿線に三市並んでいますが、直近の一九九六年度で経常収支比率がそれぞれ小金井市はほぼ一一〇、国立市、国分寺市は一〇〇です。経常収支比率が一〇〇を超えますと、もう新しい施策はできませんし、年々増える退職者に退職金も支払えません。この小金井市の人口は多治見市とほぼ同じく一〇万人。かつては職員が市民八〇人にたいして一人の割合でしたから、毎年、新採ゼロに近づけて職員を減らし続け、今は職員一人に市民一〇〇人の割合で、職員数は一〇〇〇人です〔多治見市については後述〕。

しかし、市民一三〇人以上に職員一人でなければ多摩地区〔多摩では消防、水道などの都一元化という特殊性があるためで、一般の市では一二〇人に一人〕では市の財政はもうもちませんから、職員二〇〇人の勧奨退職という自主再建計画を出し、ようやく一九九八年、起債つまり退職手当債で退職金を出すことができました。職員の五人に一人は辞めるという事態です。職員組合も一五〇名ほどの退職は認めたようです。国からの退職手当債の枠をとるには、自主再建計画が必要なのですが、この起債によっても公債費は増えます。大阪府の市などでは経常収支比率は、例外はありますが、軒並み一〇〇前後ですから、今の財務構成のままでは増加する退職金も払えないという予測になります。

今回の構造不況による減収、減税などによって、従来隠されていた各自治体の財政・財務構造の問題点が一挙に露呈し、各自治体それぞれに「財務責任」が問われるようになってきました。財政危機はとくに、無責任な政策ついで人事をおこなった自治体での、ここでみた①ハコモノなどの過剰公共事業、さらに②職員高齢化と退職金からきています。そのうえ、財政構造があまあまあのところでも、前章でみましたように、（1）財源自然増の終わり、（2）人口高齢化による担税力の弱化という、日本の経済・社会をめぐるマクロの構造変化によって、自治体は全体として転型期に立ったことになったわけです。

長・議会がみずからの政治責任で財政再建にとりくまないところでは、年度内の支払いを実質は翌年度にうつすというようなことをふくめた内部操作でゴマカシをしていますが、このような操作は違法でもあり、また永続きしません。結局、破産への道をたどるわけです。先程も申しましたが、財源の自然増はもうそんなにのぞめません。それどころか、今日のマイナス成長のため財源は減るにもかかわらず、職員の賃金は年功賃金ですから退職金をふくめて人件費総量が「当然増」のかたちで多くなります。

としますと、一般的にいえば、一九九〇年代末から二〇〇〇年代にむけての自治体計画づくりは、「夢」をえがくのではなく、むしろ政策・組織・職員のリストラ計画なのだ、とはっきりご理解いただきたいと思います。

しかも、この国、自治体ともに累積したGDPの一・五倍〔二〇〇四年〕近くという巨大な借金は、日本の敗戦後のようなインフレによる「国家破産」というかたちでは解決できません。インフレをおこすならば、かってはシビル・ミニマムの制度化としてなかったのですが、老齢年金、健康保険などといった市民生活の公共保障をめざした私たちの膨大な積立金が急速に減価するため、〈政治危機〉の激発を想定せざるをえないからです。

なお、自治体の財政破綻といっても、居眠り自治体のおくれた下水処理をのぞけば、シビル・ミニマムの量充足は一九九〇年代でほぼ終わっているのですから、市民生活への影響は限定できます。問題は国、県、市町村の政官業とむすびついた、とくに知事、市町村長や県・市町村議員の政治思惑をふくめた、シビル・ミニマムの公共整備以上の①ハコモノなどの公共事業、②無計画な人事による、行政の過大「膨張」にあるのです。それゆえ、①シビル・ミニマムの量肥大ではなく、「質整備」に転換し、②政策・組織・職員の〈水膨れ行政〉の切開手術こそが、市民が自治体計画の策定のかたちでとりくむべき、《自治体再構築》という今日の課題となります。

〔4〕 自治体計画の前提と考え方

多治見市でみますと、現在〔一九九八年〕、経常収支比率はまだ九〇％前後ですが、これでも岐阜県では一番高く、また八〇という安定水域を超えていることになります。そのうえ、大型ハコモノをつくりましたから、ランニングコストも多くなっています。もう大型の新規事業はできない財務状況です。しかも、一〇％が安定水域といわれている借金をめぐる公債費負担比率では、すでに一九・〇％でほぼぎりぎりにまで高くなっています。

多治見市は現市長以前に大型施設から小型の児童施設まで次々とつくってきました。だが、このハコモノづくりがはたして必要だったかどうかは、「政策評価」といいますが、今回、市民があらためて判断すべきです。今後、多治見市の財政事情はこのままではさらに悪くなるという予測は不可避です。マクロにみますと、バブル、これにつづくデフレなど、内閣ないし大蔵省、経済企画庁をはじめとした国の政策ないし予測の失敗がその背景にあり、一九九七、九八年度はマイナス成長となったため拍車がかかったとしても、現市長以前ですが、①ハコモノ増設、②職員新採増加（図1）という、多治見市の自己責任がそこにあります。

国も自治体以上に予算のなかで公債は収入の三八％〔二〇〇三年でほぼ四五％〕という破産状態ですから、自治体はもう国を当てにできません。県、市町村をふくめて各自治体は、経済不況が続くため縮小し続ける財源について、政策のスクラップ・アンド・ビルド方式によるヤリクリという〈政策財務〉の確立によって、自治体政府としての誇りをもつ独自責任で、それぞれ努力することが不可欠になります。

最悪の財政状態を考えて、今回の長期・総合計画をつくっていただきたいという理由は、ここにあります。かつてのように自治体財源が右肩上りに増えるという前提での計画はつくれません。駅近くの旧鉄道跡地の使い方などは将来構想の想定のみにとどめて、実施計画に組み入れることは当然できません。もし、民間デベロッパーが入ることになったとしても、アクセス道路、上下水道などに市は巨費を必要とします。むしろ、景気が回復し余裕財源が増えれば望外の幸運だ、というように考えなくてはなりません。

しかし、もし、増収があったとしても、これは新政策にはつかえず、借金減らしにつかうことになります。増収をうむ景気回復となれば、国の財政と同じくこれまでの膨大な借金にたいする利率がたかくなり、この借金が元利で雪ダルマ式にふくれあがるからです。のみならず、今後は自治省の『地方財政計画』による自治体起債の確保はなくなっていくのですから、財務指数がよくない自治体は、将来、起債ができないか、高利ということになります。

だが、財源がないから自治体では仕事ができないというのではありません。カネがなくてもやるべき課題が山積です。マクロには、まずムダな個別施策の廃止・再編をおしすすめながら、庁内の組織改革、職員配転を中軸とする《自治体再構築》が基本課題となります。個別施策のスタイル転換としては、福祉をはじめひろく行政に市民ボランティアが参加しうるシクミを充実させるとか、施設の使用目的転換にもとりくむべきでしょう。

また、駅前広場の緑化など、カネがあまりかからずに風格のある地域づくりもできます。この前お伺いした時よりも木が大きくなっていましたが、緑化のための市民委員会を設置し、これが選びだした樹種による木を早く植えることも大切です。また多治見駅横の駐車場では車が丸見えですから、デザイン水準のたかい緑の生垣をつくる必要もあります。こういう意味での、きめ細かい〈微調整型〉の計画づくりをおこなって、市民生活条件の「質」の上昇をめざした、行政自体ないし職員の〈文化化〉つまり文化水準の上昇をおしすすめたいと思います。

すでに多治見市では、市民もみずから自立して積極的にまちづくりにとりくんでおられます。オリベストリート構想は多治見市職員の考え方を超えた、市民みずからによる地域づくりとなっています。妻板というのでしょうか、壁にはった板が、だんだん黒光りして風格を感じさせます。地域づくりや市民福祉は、カネがなくても、まず市民みずからの自治から出発します。市役所に財源がないから地域づくりができないというのは、昔のオカミ崇拝、ついでこれを強化した高成長段階ないしバブルボケ時代にできあがったサカサマの発想です。図3のように、市民、団体・企業も公共政策をみずからおしすすめ、市役所は特定領域を政府政策として担うのみだからです。

カネがなければ知恵をつかう。後述の早急にとりくむべき緊急課題もありますが、この考え方の転換こそが、今回の計画の基本です。経常収支比率が九〇前後ですから、財務体質の改革をめざした自治体再構築をしないかぎり、経済のマイナス成長もあって、あっという間に経常収支比率が一〇〇になるという事態を想定する必要があります。一〇〇になるとは、既定の支出と収入が一〇〇対一〇〇、つまり新規施策をおこなう財源がないという状態です。このため、ムダな既成施策をスクラップしなければ、ビルドという緊急の新しい施策はできない。それだけでなく、年功賃金制ですから人件費の当然増があり、さらに退職者増による退職金増がありますから、この増加分をどうするか。こういう事態が経常収支比率一〇〇の現実です。
東京の二三区では、五年ほど前、都区関係の特殊性のため、そろって経常収支比率が六〇でした。だが、最近一部では九〇を超え始め、中野区は財政危機宣言を出すという始末です。早め早めに対応しないかぎり、急速に財政は悪化することもあると留意してください。

図3　政策の立案・執行・責任配分模型

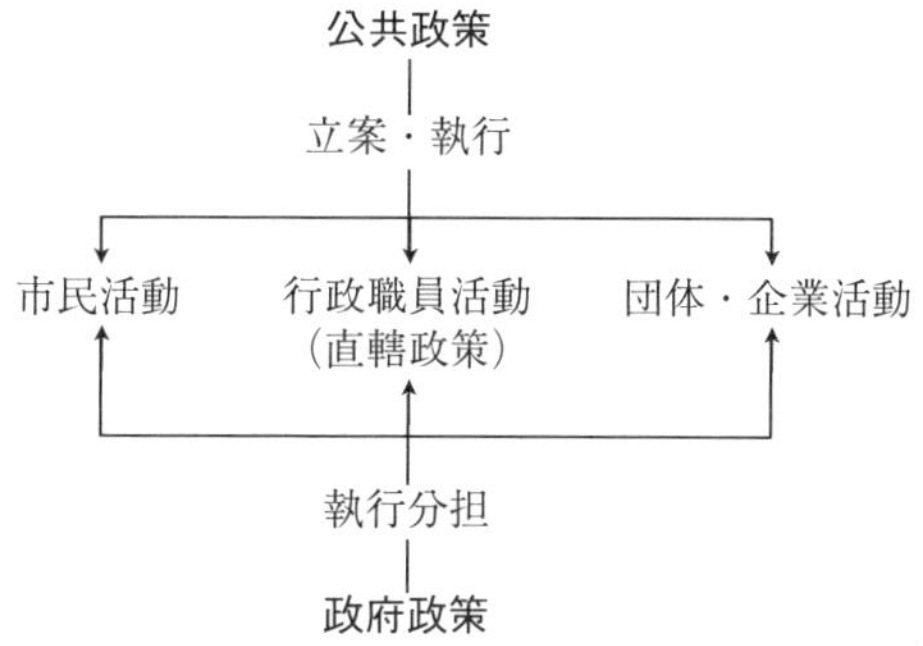

そのうえ、退職金の各自治体独自積立て問題をのべましたが、ぎりぎりになって、退職金がないと騒ぐのは、自治体としての無責任ないし財務政策の欠如を意味します。図1のように多治見市の職員年齢構成はわかっているのですから、この論点を市民にも公開し、市民との合意を今回の計画に盛り込んで、独自積立金をつくる、という問題がでてくることになります。としますと、市の財源はかぎられているのですから、市民福祉などの予算が削られるというかたちで、市民と職員とが対立する反比例の緊張が顕在化します。「協働」という言葉が安易に流行していますが、市民と職員との利害はけっして「予定調和」しておりませ

ん。自治体では「市民主権」にもとづく市民合意が基本なのです。

としますと、多治見市自体が各種の財務資料、さらに決定的な政策選択を市民に公開し、そこで市民の合意を得る手続が不可欠と考えていただきたい。「どうにかなるさ」では困ります。今回の計画策定の意義は、多治見市の再構築をめぐって、この合意づくりにあります。議員の方もこの財務資料で、今回の計画のあり方を考えていただきたいと思います。これこそが情報公開の意義です。市民、長・議員、職員が同一情報を共有して、市の財政・財務がどうなっているのか、なぜそうなったのか、これからどうするか、を考えるのは当然です。

現在の多治見市長さんは、財政再建をふくめて、「多治見を変える」をかかげて当選され、一九九六年『財政緊急事態宣言』〔二〇〇二年度からこれにかわって、あらたに人件費、事務・事業費などの数値目標をきびしく設定した『財政改革指針』を策定〕もすでにだされていますが、問題は今の市長さんがなられる以前のムダづかいのために起こっていたのです。このムダの切除に大胆にとりくまなければ、今日のマイナス成長という経済不況では、税収減、また国の減税政策などでまたたく間に、さらに悪化するでしょう。

しかし、今後、政策再編を基軸とする〈政策財務〉へのとりくみ方いかんで、市の財政構造は変わります。もし、景気回復すれば、税収などは少しよくなるでしょうが、経済成長率はもう三

%以上は伸びないと想定し、しかも人口の減少、ついで高齢化もあるため、むしろ税収の自然減を考えるべきです。その上、もし税収が伸びたとしても、前述しましたように、経常収支比率、とくに公債費を下げるために増収分を回すことになります。としますと、市民、長・議員、職員の間での合意によって、今度の計画はスクラップ・アンド・ビルド型以上に、スクラップ・スクラップ・スクラップ・アンド・ビルド型の計画づくりとならざるをえないわけです。

このビルドの中核は、今回は高齢者介護になりますが、この高齢者介護は将来かならず自治体の負担増となるため、高齢者福祉担当課だけでは終わらず、全庁の組織改革、市民施設の目的転換、職員の配置転換を呼び起こします。

さらに、多治見市は残念ながら下水処理は水洗化率で八五%にとどまっています。これには旧型の浄化槽による処理もふくまれていますので、ほぼ人口の四〇%について、地域によっては集落下水か戸別下水でどう対応するかという選択課題も残り、市への今後の財政圧力となっています。

現市長の前の時代に、文化会館、産業文化センターなど大型会館をつくり、ムリな職員増もくわえて、今日の財政問題を招いたのですから、各大型会館のランニングコストをいかに落とすかも工夫していただかなければなりません。そのためには、各会館ごとに、人件費をふくめ、その運用の「原価計算」「事業採算」も公開していく必要があります。

それに児童館関係についても、児童数の減少をふまえて、各館ごとの利用関係、人件費をふくむ原価計算、事業採算を公開しながら、再整理する必要があります。高齢者福祉用に実質転換するのもその方法でしょう。もちろん、高齢者福祉関係などへのハコモノの転用でも、また補修、機器導入に大金がかかることに留意してください。

そのうえ、多治見市は、常勤職員一一〇余名という異例で、職員の定員カクシともいえる「事業型」の社会福祉協議会があります。本庁要員が少ないのですから、本庁の政策水準を高めるためにも戻さなくてはなりません。公民館などは、市民管理・市民運営とし、その職員はすべて本庁に戻す決断が必要となります。管理をめぐって、どうしても職員が必要なハコモノには、定年退職後の職員を数年嘱託としての再雇用を考えたいと思います。

これにくわえて、長期人事戦略を考え、新規採用はできるだけ控え、財政全体が安定したとき、企業や市民活動などで実績をもつ専門家などの中途採用をおこなうといった手法も考えるべきでしょう。この中途採用は職員組織の年功制をくずして、市の職員組織に活力をあたえます。

しかも、ハコモノの運営・管理にはプランナー型・プロデューサー型の担当者がいないかぎり、利用はガラガラというケースもあります。としますと、もし使用目的転換をおこなわないならば、職員に人材がいないときは、市民の熟達者あるいは市民参加方式による運営・管理に大胆にふみきればよいではありませんか。公設民営方式、民設公営方式の導入があってよいわけです。それに、ムダなハコモノは行政財産を解除して、売却することが必要なケースもあるでしょう。ハコモノの償却、またランニングコストに市の財源がムダに消えていき、オニモツになることをさけたいと思います。

さらに、多治見市では、お聞きしますと、ゴミ処理という待ったなしの緊急問題があります。あと二、三年で処理場も満杯とのことです。この問題にはただちにとりくむ必要があります。しかも、手続に失敗して一度こじれますと、一〇年以上のびるという事態となります。多治見市の手腕がここでこそ試されます。もし、ゴミを遠いところにもって行かなければならない時は、保障金、運搬費などがどれだけかかるかも大きな問題となります。

そのほか、多治見市には、県立病院と並んで市立病院があります。市民にとっては便利かもしれませんが、この問題をどう調整するかという問題は残ります。また、事業型のため社会福祉協議会には常勤職員一一〇余名がいらっしゃいますが、これは前述のように定員カクシの第二福祉部です。高齢者介護を中心に市民福祉の再構築も必要となるため本庁の福祉担当を強化し、この社会福祉協議会を本来の市民組織に改革するという検討が必要になります。このため、ここがになっているさまざまな業務についても、業態ごとにその対策を考えるべきです。

つまり、多治見市でも政策・組織・職員の再編が急務となっています。多治見市は、現多治見市長が「多治見を変える」と立候補され、すでに多様な努力をされているとはいえ、今回の長期・総合計画を機に、大胆な市政戦略の再構築によって、市民、長・議会、職員が合意をつくらないかぎり、もうたんなるツジツマアワセでは追いつかないでしょう。旧来の行政のツケがもろに出てきたという、多治見市政の現実からの出発が不可欠です。

日本全体が都市型社会の生活構造に入る一九六〇年代から一九七〇年代にかけて、図4のように、市民のシビル・ミニマムとして、老齢年金、健康保険また生活保護などという「社会保障」、ついで道路や学校、上下水道、公園などの「社会資本」、また公害をはじめとした「社会保健」という、三領域の整備が不可欠となり、市町村の課題もふえ始めました。

当時、社会保障の制度整備、それから市民施設、都市装置などの社会資本の蓄積、公害などを抑止する社会保健へのとりくみ、くわえて地域雇用力を高めるための工場誘致、あるいは新住民のための団地開発にともなう仕事などが増えます。その結果、多治見市だけでなく、図2にみたように、日本全体で自治体の職員数が増えます。この職員増加は、ベビー・ブームの産物ではなく、日本が都市型社会に入ったため、シビル・ミニマム（憲法二五条の生活権）の公共整備をめざして、市町村や県また国の課題がそれぞれ拡大した結果です。

　しかも、一九九〇年代に入ると下水道を除き、ほぼシビル・ミニマムの「量充足」が終わるため、私はその「質整備」へという政策転換に、日本全体の自治体が入いるべきと問題提起していきます。この量から質への政策転換が、後にふれますが一九八〇年代からのいわゆる《文化行政》の提起だったのです。量充足さらにその「増量」をめざす従来型政策の見直しによる、質整備をともなう「減量」という、この政策転換についてはすでにおそいのですが、それでも早く気づくことが不可欠です。ぜひ、多治見市は早く転換してください〔拙著『シビル・ミニマム再考』二〇〇三年、公人の友社参照〕。

　戦前の市町村は、戸籍簿と小学校がその中心課題

図4　都市型社会の生活・政策構造

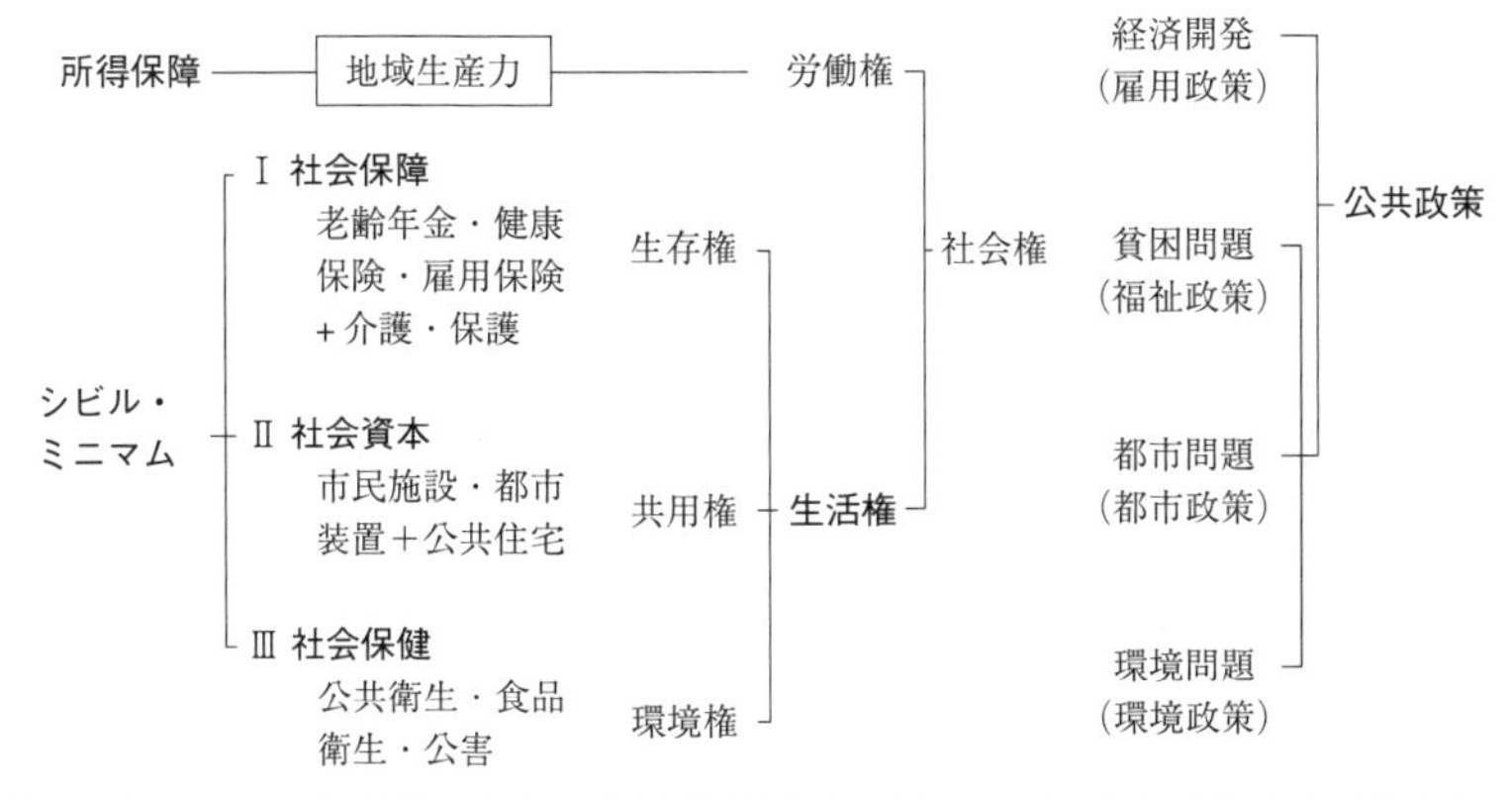

でした。戸籍簿がないと、国の国民管理をふまえた課税、あるいは種痘、就学、徴兵などもできなかったからです。ようやく中都市では水道、ガスまた「清掃」にとりくみはじめ、大都市ではさらにチンチン電車がつけくわわっていたぐらいです。戦前から一九六〇年代までは、以上のほかは、市町村はほとんどとりくんでいません。戦前は道路づくりもヨイトマケでしたし、病気はゲンノショウコ、また高齢者介護も親孝行で、ほぼ済ませていたわけです。

日本は一九五〇年代まではまだ全体として農村型社会でした。一九六〇年代以降、都市型社会に入りはじめて、市町村、県、国それぞれの課題が**図4**のようなシビル・ミニマムの公共整備にむけて新しく変わり、**図2**にみた職員数の急増となります。

しかも、戦前の市町村職員は小・中学校卒が多かったのですが、さいわいなことに、この自治体職員が増えた一九六〇、七〇年代は、戦後の教育改革もあって高校、大学卒が増え、市町村の行政水準を一挙に高くしました。だが、そこでは、今日明らかとなってきましたように、国の省庁が縦割で権限・財源の拡大をめざしたため、自治体職員のムダないわゆる「必置規制」などのかたちで、市町村、県それぞれ独自の自治組織権を無視する官治・集権型介入によって、職員を増やしてきたのです。これが今日の退職金危機の背景です。

多治見市は定年退職者が一番多い年でもこれまでの二倍位ですから、三倍以上という自治体からみればよい方とみるべきでしょう。それでも退職金増の年度には予算編成への重圧となります。しかも、多治見市は、病院（二四〇余名）は当然ながら独算制をめざすため除き、一九九八年現在、社会福祉協議会〔常勤一一〇余名〕など外郭組織の常勤職員約一四〇名をふくめた職員全体でみるとき、職員一人に市民一〇〇人の比率となっています。

私は一般論として、町村は職員一人あたり市民一〇〇名をめざしたいと考えますが、市では職員一人当たり市民一〇〇人では、財政はもたないと考えています。前述の小金井市のように、これからは、実質でみて、職員一人に市民一二〇人以上〔東京多摩地区では消防、上下水道の都一元化があるので一三〇名以上〕にする必要があります。また、ここで、職員一人あたり市民一四〇人以上という市もあることも強調しておきたいと思います。〔多治見市では二〇〇四年でようやく職員一人あたり市民一一三名となり、その間職員一〇〇名を減らしているが、この職員一人あたり市民一一三名にとどまるという職員数問題は、今後も当市できびしい論点としてつづく〕。

としますと、以上のような全体状況のなかに、多治見市政を〈位置〉づけるとともに、多治見市独自の〈課題〉についていかにとりくむか、が今回の自治体計画策定の意義となります。しかも、財政悪化をテコとして、今回の自治体計画の策定は多治見市の政治・行政全体を「持続可能」でありうるように《自治体再構築》する好機、つまりチャンスとしたいと思います。

この機会をのがさず、早め、早めに、これまでの贅肉を削ぎ落とすといった、市政の体質強化にとりくんでください。多治見市が将来の人口減、しかもその人口の高齢化によって財源減少が不可避のなかで「持続可能」であるためには、今回スクラップ・アンド・ビルドという政策再編をともなう、前述の〈政策財務〉という新型発想でとりくまなければ、その機を失するでしょう。

このようなお話をする私について、とんでもない貧乏神とお思いかもしれませんが、デフレをふくむ経済構造の転換もあって、日本全体が《転型期》にあります。問題の核心は、自治体としての多治見市が直面する課題について独自の解決スタイルを、いかに今回の計画でつくりだすかにあるわけです。きびしく論点をだす貧乏神はまた福の神でもあるわけです。むしろ、日本の自治体の構造問題を露呈させたという意味で、この転型期を歓迎し、多治見市政の改革ないし百年の大計のチャンスとしていただきたいと思います。

[5] 計画づくりの手順と構成

多治見市の計画策定のスケジュールを見せていただきますと、二〇〇一年度予算から、今回の新計画にもとづいて編成されるということになります。しかし、職員リストラは、実質、今年かららやらなくてはならないでしょう。リストラといっても、いわゆるクビ切りではなく、ムダで役立たなくなった個別施策のスクラップを中核においた政策、組織の再編、これにもとづく職員の適正配置、くわえて退職者の不補充、新入職員の〇名に近い採用抑制、早期勧奨退職などをくみあわせます。

二〇〇〇年の九月議会で「基本構想」の議決が得られていないと二〇〇一年度予算に間にあいませんから、その前に「原案」の市長決定がおこなわれていなければなりませんし、この原案の前に「素案」もつくらなければならないわけです。

この「素案」をつくるには、まず議論の柱となる《討議要綱》〔のち多治見市では『討議課題集』とする〕をつくる必要があります。この討議要綱では、今回の計画で、どういうことが課題となるのかというかたちで、市民、長・議員、職員による討議の柱を整理し、これに必要な資料をくわえて、市民、団体・企業、それに政党それぞれの利害を相対化することになります。資料には、財政・財務状況や職員年齢構成、あるいは市の福祉水準、環境水準から、各種市民施設・都市装置それぞれの事業採算、それに今日ではその将来にわたる改修・改築計画、また市全体での職員配置実態も公開することになります。このため、《討議要綱》の作製ないし内容については、情報公開をふくめて、長の見識とリーダーシップがもとめられます。

そのとき、市の社会福祉協議会や開発公社、第三セクターなど、それに市の病院もくわえて、それぞれ、市からの毎年の持ちだしもあきらかにした収支状況、累積赤字、不良資産、職員人件費なども個別に明確にしたうえで、市全体としての債務が時価でわかる「連結財務諸表」というかたちで、公開することも必要となります。

これまでお話してきました「官庁統計」としての経常収支比率や公債費負担比率などは、各自治体の政策いかんでは当然変えうる便宜的数字にすぎず、しかも表面の一応の目安となる数字にとどまります。問題は時価による「連結財務諸表」の作成によってはじめてあきらかとなる市全体の累積赤字、不良資産、あるいは債務保障などにあるわけですから、この作成・公開は当然です。市全体のこの財務実態を資料にふくめた《討議要綱》にもとづいて、市民、長・議員、職員が討議したうえで、計画の「素案」をつくることになります。

この素案はタブロイド版八ページ以内とし、市民全戸配布、職員全員配布、もちろん議員にも全員配布し、あらためてそれぞれ意見を聞いたうえで修正し、最後に「原案」を決定します。この原案の〈要約〉が「基本構想」として議会の議決となります。このような手順を逆算して、日程を組んでいただきたいと思います。

最初に述べましたが、自治体計画を企画課だけで作文としてつくっているようなところ、あるいはシンクタンクなどに外注するところは、まず、この《討議要綱》がつくれません。この討議要綱がなければ、市民、職員、それに長・議員も、どういうことを議論するのかわからないではありませんか。これがないと議論がドグマつまり独断・偏見の対立となるか、逆に意見がばらばらに出て散漫になってしまい、いずれでも失望感のみが残ります。それゆえ、この《討議要綱》問題を提起しえない自治体計画理論は理論とはいえません。

とくに、この討議要綱により、議会の全員協議会でもフリートーキングつまり「自由討議」方式で議論することになります。当然、市民参加組織、職員参加組織でも自由に議論する。ついで、これらの市民・職員・議員各層の議論を集約した素案を決定して、全市民、全職員に広報紙の全紙面で公開する。この素案はほとんど原案に近くなっているでしょう。ついで、この公開された「素案」についての批判・議論の集約として、長期・総合計画の「原案」を長の責任でつくります。その要約を「基本構想」案とし、議会独自の判断でこの「基本構想」を審議・議決する。こういう手順になります。

こうした手続のうえで、はじめて、この計画づくりは多治見市の情報公開、意見集約だということがはっきりします。単なる作文づくりではありません。庁内だけでなく、主権者である市民から出てくる意見の整理・調整が基本となります。つまり、計画づくりは市民合意をめざす「政治」としておこなわれるのです。情報の整理・公開による議論を積み上げ、市民参加、職員参加、さらに長・議会の決定という手続をとるところに意義があり、現行の官治・集権型の『地方自治法』のもとでもこの手続を十分おしすすめうるわけです〔なお、市民参加・職員参加の問題性さらにその制度手続については、拙著『市民文化は可能か』(一九八五年、岩波書店)を参照ください〕。

つぎは、計画の構造と内容が問題となります。制度手続としては、長が基本構想案を議会に提出することを想定しています。だが、一般的にみて、これまで、基本構想はアバウトな構想ですから、中身がないため、議決できないと議会は反論します。そのとき、この議会「対策」として企画課はヤッツケで資料をつくり、ようやく議決となります。次に、この基本構想にもとづいて、一、二年かかって長期・総合の基本計画をつくるわけです。その間、年度毎に数字は変わりますから、企画課は数字の補正にムダな時間をかけます。経済状況も変わるし、物価も変わり、また財政・財務の数字も変わるからです。

つぎに、実施計画をつくるとなりますと、すでに時代が変わってしまって、もう実施計画をつくるのはやめようという話になります。としますと、実施計画は、どこの自治体でもつくっているのですが、毎年、予算ごとに変わる『行財政三ヵ年計画』による代用となるわけです。この行財政三ヵ年計画は、金繰り計画にすぎず、規範性をもつ計画とはいえません。

自治省が、一九六五年に研究会を設置し、六九年の通知『基本構想の策定要領について』をだしたものですから、「基本構想」、「基本計画」、「実施計画」の三本立てになった。このため、以上にみたようなオカシナ事態となるわけです。私は自治省の失敗だと思います。この三本だて計画を一本でまとめる方法が、一九七一年から試行して開発した「武蔵野市方式」です。**図5**を見ていただきたいのですが、一〇年の「基本（長期・総合）計画」の前期五年を「実施計画」、あとの五年は展望計画にするという作成方法です。

五年後の政治・経済状況はどう変化するか、誰にもわかりません。今日で見ても、五年ほど前まではバブルの余波で財源が増えていたのですが、五年後の今日ではマイナス成長の不景気です。時代の変化のスピードが早くなったこととあいまって、五年後の予測は不可能となっています。ですから、六年以降～一〇年までは「展望計画」にとどめます。この展望計画は、デフレの今日では、行政組織の再編も進むとともに、もし景気もよくなって、財源の余裕ができたときには、こういうことがやれるだろうという、長期戦略ビジョンのみにとどめたいと考えます。しかも、今回の基本計画では、前期五年の「実施計画」は、政策・組織・職員のリストラが中心にならざるをえません。もちろん、財源がなくてもやるべき多治見市の緊急課題として、前述した高齢者介護、ごみ処理、下水問題などにとりくむのは当然です。

としますと、「実施計画」と「基本計画」が一本でできます。この一〇カ年の基本計画の要約が、『地方自治法』にもとづく、いわゆる「基本構想」となります。つくるのは「基本計画」一本で、その前半が「実施計画」、要約が「基本構想」というかたちで、三本が一本となります。また、一年の年度内に、市民参加、職員参加ついで議会全員協議会などを半年で集中的におこなえば、前述したような、年度をこえるためのムダな数字いじりをする必要はありません。

そのうえ、このシクミですと、議会が議決する基本構想もアバウトな美文ではなく、基本計画ないし実施計画に裏づけられた基本構想となるわけです。議会は、安心して基本構想の議決ができます。批判する場合は、三本全体を批判し、修正・否決が必要なときは修正・否決すればよいというべきでしょう。

図5　自治体計画策定模型

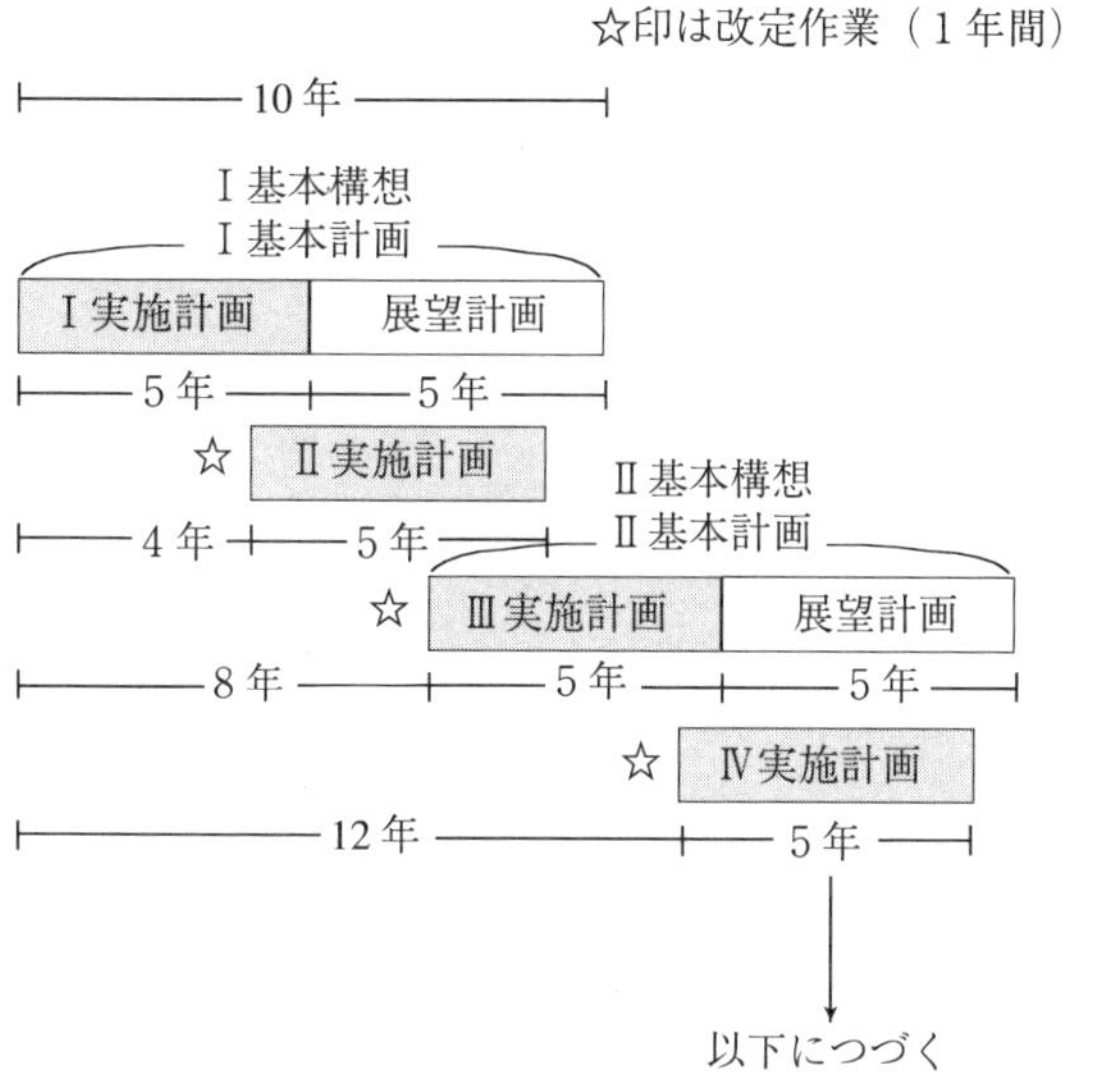

しかも、図5にありますように、「実施計画」は五年ですが、最後の一年を切り捨てて次の五年の「実施計画」をつくります。四年というのは、市長ないし議会の四年任期に合わせるためです。四年が経過すれば、長・議会をふくめて状況はまた変わりますから、五年目を切り捨てます。ついで、八年目にまた新しい長期・総合の基本計画ができることになります。そのとき、同じく、この基本計画は前期五年を実施計画とし、後期五年を展望計画にする、という形になります。

多くの自治体では、長い時間をダラダラとかけた計画づくりになりがちですが、ここでのべた方法だとリズムがはっきりします。議会も八年に一回、基本構想を議決できますから、議会の地位は実質高まります。

『地方自治法』改正で基本構想が必要となった当初は、一〇〇年構想をつくった自治体もありましたが、これでは無意味です。あるいは、二〇年の基本構想をつくった自治体では、議会は二〇年間も計画づくりから排除されることになりかねません。ここで提案した方式では、八年毎に基本構想の改定について議決できるだけでなく、しかも四年毎に議会は全員協議会などで「実施計画」の改定に参加できますし、また条例で「議決事項」ときめれば本会議での審議・修正・否決も四年毎にできます。この意味では、議会ないし議員の政策責任は決定的となります〔この論点がまた、いわゆる『自治体基本条例』の課題となります〕。

[6] 実施計画をどうつくるか

今回の実施計画での基本は、短期間で経常収支比率を現在の九〇%から安全水域の八〇%までもっていき、公債費負担比率を現在の一九%から一五%に下げることを基調にしたいと思います。でなければ、将来にわたって「持続可能」な多治見市政の運営はできないからです(直近の数字である二〇〇二年では、経常収支比率八一・四、公債費負担比率一五・三となった。だが、いうまでもなくこの数字は一応の目安にはなるが、便宜的につくられる総務省系の官庁指数にとどまる。実際には、連結された多治見市全体の総借金は総務省が強制する減税補填債などもあって減らず、市民一人あたり四〇万円前半でほぼ横這い状態がつづいているため、多治見市の財政現実はひきつづききびしい。このため、二〇〇四年には、計画改定を前にして、今後五ヵ年の税収減、交付税減、また公債償還増、高齢者福祉費増の試算を公開して、大幅な行政減量への大胆なとりくみに入っている。国の財源配分をめぐる三位一体改革の帰結いかんにかかわらず、多治見市はすでに独自の財務改革にとりくんでいる。ここでも敬意を表したい〕。

今回の計画策定の基本課題は多治見市の財務体質の改革となります。さらに退職金積立も別立てで新たにつくることも必要です〔この積立は、結果として、その後の職員一〇〇人減少にみあうのですが、二〇〇四年でほぼ終った〕。このため、全体として、きびしいリストラないし緊縮とならざるをえません。しかし、前述のくりかえしとなりますが、この減量は仕事をしないということではありません。むしろ知恵をつかって、市民生活の《質整備》を中心に、多治見市の市民の生活水準、職員の行政水準、長・議会の政策水準を高めることを意味します。

地域雇用力の拡大をはじめとして、今日、必ずしも巨額のカネがなくてもやれる、しかもこれまで考えもしなかった手づかずの、市民の地域生活をめぐる課題がかさなっています。また、カネのかかる急務の高齢者介護には、全市町村と同じく多治見市の従来型の福祉にかんする政策・制度の再編、とくにいかにボランティア組織の活動をひろげうるかも問われます。

くわえて、アーバン・デザインという地域景観、つまり地域づくりのデザイン政策を高めるのも、カネのつかい方を変えるという意味で急務です。道路のガードレールを見ますといろいろな形が混じり、厚いベルト状のものから、三段の横ザンになっていたり、また模様がついたり、まちまちです。そのうえ、存在感を誇示するため白色が使われたりしますが、年がたつにつれて錆がでて、かえって行政が地域景観をこわしています。ところによっては目立つことも必要ですが、緑や土になじむ色のほうが地域のオチツキをつくるのではないでしょうか。私は半永久的な自然石や鋳鉄製の棒柱をおすすめします。高価な場合でも半永久的ですから長期でみれば安くなります。このように、道路のガードレールのデザインをとっても、多治見市方式という形で、一種類だけではいけませんが、何種類かをきめておくべきでしょう。

地域づくりの考え方、あるいは地域づくりのデザイン政策がないと、多治見市はそんなことはないと思いますが、業者が売れ残りをもってきたのではないか、あるいは担当者の悪趣味でデザインをきめてしまっているのではないか、と勘ぐりたくなるような実状となります。さいわい多治見市では、最近、各部に企画担当を置きましたので、この企画担当職員の問題意識が鋭いならば、これからは各部課をとおして多治見市方式の地域づくりないしデザイン政策も明確にかたちづくれるようになるでしょう。

また、伝統文化として誇るべき陶磁器の美濃焼が地域の文化特性をかたちづくるため、多治見市は陶磁器まつりなどをすすめています。だが、多治見市の基本計画は、これらをお祭りにとどめることなく、その文化特性を日々の地域づくりのなかにとりこまなければ、地域個性として活きてきません。この多治見市の文化特性をいかしながら地域づくりをおこない、他地域から来られた方々から「やはり多治見市は違う」という評価を得られるようにすることは急務ではありませんか。

道路の設計、街路樹の選定などをはじめ、生活条件ないし環境の「質」を〈景観〉として問うことが、今回をはじめとし、二〇〇〇年代の計画の主題となります。ハコモノづくりはすでに過剰で、もう終わっていることは、市民、職員、長・議員の方々はとっくにおわかりになっているはずです。これまで学校からはじまるハコモノづくりが中心だった計画ないし地域づくりの考え方について、〈地域史、エコロジー、デザイン〉を座標軸として、大転換が必要といえます。

多治見市では、花も、青葉、紅葉も美しい、流行のアメリカ花水木が街路樹としてところどころの通りに植わっていますが、落葉樹のため冬は緑がなくなってしまいます。多治見市にはどういう街路樹が似合うのか、「市民の木」として一〇種類ぐらいを市民参加によって選んでおく必要があります。日本全体でみますと、一九六〇年代まではデコボコの泥んこ道、一九七〇年代は道路にコンクリートやアスファルトを貼っただけ、そして一九八〇年代以降ようやく街路樹を植えるようになりました。

もし、幅広い幹線道路にケヤキ並木をつくると、緑のトンネルができて、夏の照り返しをふせぎ、日陰も多くなり、都市熱もおさえます。ただ、ケヤキは急速に大きくなって道路が昼も暗くなりますから、一本おきに常緑のサザンカなどの中木を植える必要があります。低木では乾燥に弱いのでサツキ系はダメとして、たとえば霧島系のツツジなどを入れます。としますと、これは例示ですが、冬でも雪のあまり降らない地域では緑があることになります〔二〇〇二年から選定市民委員会が発足〕。

この「緑」には木だけではなく、さらに川や森、山、また窯元や社寺などの文化遺産もふくめた意味で、ひろく理解したいと思います。この緑の拠点をつなぐ遊歩道をいくつか考える必要もあります。この緑道では、中心市街地とともに、優先して電柱撤去にとりくむのは当然です。この電柱の撤去は倒壊のとき道路をふさぐため、災害対策としても急務てす。それに、市民は看板の美化をみずから考え、必要ならばこれを強制力をもつ条例にする必要があります。

今日、中心市街地がさびれていく対策として、「にぎわい」と「いこい」の広場づくりというとき、このような地域個性をつくる空間デザインの視点からも検討すべきです。しかも、商店街の空洞化防止には、国の補助金あるいは自治体の計画文書だけでは、問題は解決しません。地元の商店街に市民型の活動家がいて、問題提起を重ねながら、地域づくり全体にわたる基本の考え方ないし構想についての市民合意が、そこには必要なのです。

いずれにしろ、「緑」はまちの風格づくりないし市民文化として不可欠なのですが、巨額のカネとは直接の関係はありません。ここでは、まちづくりへの見識をもつ市民ないし職員がどれだけ育っているかが大切です。「風格」「個性」ないし「質」「水準」という論点を、さらに福祉から文教にいたるまで考えていただきたいと思います。また、地域や庁内での人づくりができておれば、財源にゆとりができたとき、駅北の旧鉄道用地の再開発にも高い水準でとりくめるわけです。

そのうえ、多治見市も、例外はのこるとしても、ビッグ・プロジェクトないしハコモノづくりは終わって、余剰ハコモノの転用など「政策再編」が直接の課題となっているのですから、今回の計画には、文化水準のたかい、微調整型ないし再生型の政策づくりができるような職員の人材養成に、とくに焦点をおく必要があります。

自治体転型期の今日、このように政策課題が変わってきたため、今回の計画策定をふくめて、これからの政策づくりは国や県の「指導」?、あるいは市の幹部の「思いつき」ではできません。特定政策課題をめぐって、かならず職員のプロジェクトチーム、さらに「市民委員会」をさまざまにつくり、「半年」後には第一回の報告書が出るようにする必要があります。これが「一年」後でよいといえば、いつまでもとりかからず、だらけてしまいます。とくに、庁内では、このチームに各課一名づつ出せといえば各課からのスパイがくるというのが通例みられますので、やはり担当責任者によるゴボウヌキの職員編成が不可欠です。

この「市民委員会」ないし職員プロジェクトチームには視察費をつけ、例えばA市、B市、C町の特定個別施策を視察しますと、そのプラス・マイナスの要因の比較のなかから、わが多治見市ではこの個別施策についてはこういう手法がよいと、ほぼオトシドコロがわかり、具体性をもった政策提言ができます〔視察地の選択には、さしあたり、全国の自治体政策にかんする地方新聞記事の切抜き集となっている『Dファイル』（イマジン出版、月二回刊）が役立ちます〕。

個別の政策形成にあたっては無から有をつくれないのですから、今お話したかたちでの自治体間交流が不可欠です。県にきいても、国にきいても、市町村と課題領域が違いますから、多治見市に役立つ政策ノウハウをもっているはずはありません。このため、国や県の担当者からも、今日ではどこどこの先駆市町村に視察にいったらどうか、とすすめられるでしょう。市町村相互の交流こそが市町村の政策開発の起点となります。ですから、自治体計画には、職員、ついで市民もふくむ政策開発システムの構築ももりこむべきです。

市民の水準だけでなく、職員の水準もその自治体の政策・制度、そして計画・施策の水準となります。そこでは、従来の省庁縦割の国基準をマニュアルとする事務型・技術型の職員ではなく、各自治体独自の政策・制度の策定・実現をめぐって、あたらしくプランナー型・プロデューサー型の職員がどれだけ育っているかが問われるのです。

各自治体での「政策・制度」の開発、つまり計画・施策は、国の政策基準、世界政策基準との三極緊張のなかで、その自治体の自己責任となってきました。分権化とは、各自治体による責任ある独自の政策・制度づくりの可能性への挑戦を意味します。従来のように、国の法令、あるいは通達、補助金を争点に当てはめるだけでは、「もぐらたたき行政」ではありませんか。

既成の政策が問題をもつから市民からの批判が出てくる。としますと、たえざる市民参加による、たえざる政策・制度の組み替えこそが必要となります。この政策・制度の組み替えのチャンスをつくることこそが、また、この基本（長期・総合）計画策定の課題です。

そのとき、市民参加を土台としますが、もちろん長・議員ついで職員も計画策定能力を高めなければなりません。職員の政策水準ないし計画策定の熟度が高まれば、また、市民からの市政への信頼も高まります。また県庁へ行けば「さすが多治見市さん」、国に行っても「さすが多治見市さん」といわれるように、尊敬される多治見市になっていただきたい。

カネがなくても職員の水準を上げることができます。ムダな仕事をやめて、途中退職職員一人の後任を採用しなければ年一千万円のこり、一〇年間で一億円です。二人で二億円。旅費をふくめた職員の実地調査・研究の充実に十分な金額です。また、街路樹も、一〇年でこの一億円があれば、管理費は別にかかりますが、多治見市の小さい市街地ではもう植える所がなくなってしまうのではないでしょうか。市長は頑張っていらっしゃるようですが、まだ、駅前や本町オリベストリートすら緑導入の工夫が足りません。市民の文化活力と職員の水準上昇があれば風格あるまちづくりとなり、文化性ゆたかな多治見市だということで、遊歩道をもつ観光都市にもなります。

これからの地域づくりには、観光の視点は不可欠です。観光にはイヴェントもふくみますが、その基本は日常の文化水準ないし質のたかい地域づくりです。目玉として予定されるセラミック・パークＭＩＮＯについては、風格ある地域づくりというカタチが残るような方法で考えていただかないと、これまでの多くのパークのように武家の商法で巨額の赤字要因となるオソレもあります。そのなかにつくられる県立の現代陶芸美術館は、美濃焼中心のセンターとして多治見市には不可欠ですが、流行のパークについてはさしあたりアイデアが未熟で黒字経営の自信がなければ、延期、縮小、またさしあたり凍結、中止などにふみきってよいわけです〔二〇〇一年、県立・県営の美術館は一三〇億円の全額県費負担でつくられたが、パークの運営費などの多治見市負担分は現在年ほぼ五〇〇〇万円近くとなっている。職員五人ふやしたと同じ支出である。このランニングコストについては見直しが不可欠である〕。

この見直しないし予測が、今日、市町村、県、国の省庁をふくめた、新しい視点としての〈政

図6　自治体計画モデル

［Ⅰ］**計画の中枢課題**
　（3ないし7の柱を明示）
［Ⅱ］**計画の策定手続**
［Ⅲ］**計画の原則**
［Ⅳ］**市民自治システム**（＊）
　(1) 市民参加制度の形成
　(2) 情報の整理・公開
　(3) 地域社会（コミュニティ）の構成
［Ⅴ］**自治体機構・経営の改編**（＊）
［Ⅵ］**計画の戦略展開**
　(1) ネットワーク計画
　　1　緑・環境のネットワーク（＊）
　　2　福祉・保健・医療のネットワーク（＊）
　　3　市民施設のネットワーク（＊）
　　4　地域生産力のネットワーク（＊）
　　5　情報・交通のネットワーク（＊）
　(2) プロジェクト計画
　　1　A拠点地区（＊）
　　2　B拠点地区（＊）……
　(3) 法務・財務態勢の整備（＊）
　(4) 自治体の文化戦略（＊）
　(5) 自治体の国際政策（＊）
　(6) 危機管理計画（＊）
　(7) 職員開発計画（＊）
［Ⅶ］**市民生活計画**（シビル・ミニマム計画）
　(1) 基盤計画（＊）
　　1　生活道路
　　2　上下水道
　　3　光熱
　　4　清掃・資源
　　5　街灯整備・電柱撤去
　　6　大量交通網
　　7　幹線道路・空港・港湾
　　8　公園・広場
　(2) 福祉計画（＊）
　　1　健康管理
　　2　医療組織
　　3　公共・食品衛生
　　4　生活保護
　　5　高齢者福祉
　　6　児童福祉
　　7　交通安全
　　8　消費者行政
　　9　公共住宅
　(3) 文教計画（＊）
　　1　子ども文化
　　2　学校教育
　　3　文化財・文化施設
　　4　市民文化活動
　(4) 観光・リゾート計画（＊）
　(5) 土地利用計画（＊）
　　1　用途指定
　　2　容積・密度・高度指定
［Ⅷ］**地域整備計画**
　(1) 産業計画（＊）
　　1　産業基盤計画
　　2　地域産業計画
　　3　産業開発計画
　(2) 公害防止計画（＊）
　(3) 自然保全・防災計画（＊）
　　1　防災計画
　　2　自然保全計画
［Ⅸ］**財政・用地計画**
［Ⅹ］**国にたいする政策**
［Ⅺ］**計画改定の手続**
（＊印は中間計画〔後述〕が必要な領域）

策評価〉ないし事前評価の課題です。赤字つまり持出し増大がわかっているのに、いたずらにムダづかいをする必要はありません。とくに、コンサルタント業者の企画書は黒字基調で書いてありますから、市はランニングコストをめぐる原価計算・事業採算に習熟し、その予測については慎重に検討ください。

図6に計画構成の標準モデルをかかげておきましたが、以上のような考え方でとりくむべき個別施策の課題は山積しています。市町村は、ゆりかごから墓場までの〈基礎行政〉をおこなうのですから当然です。繰り返しますが、財政にゆとりができたときにとりくむべき課題は、将来の「展望計画」にゆだねていただきたいと思います。

さらに、この総合計画と実施計画との間に、図7のような中間計画（図6の＊印に対応）が、今日では必要となっています。これが、いわゆる高齢者介護計画、あるいは土地利用・都市づくり

図7　自治体計画の構造論理

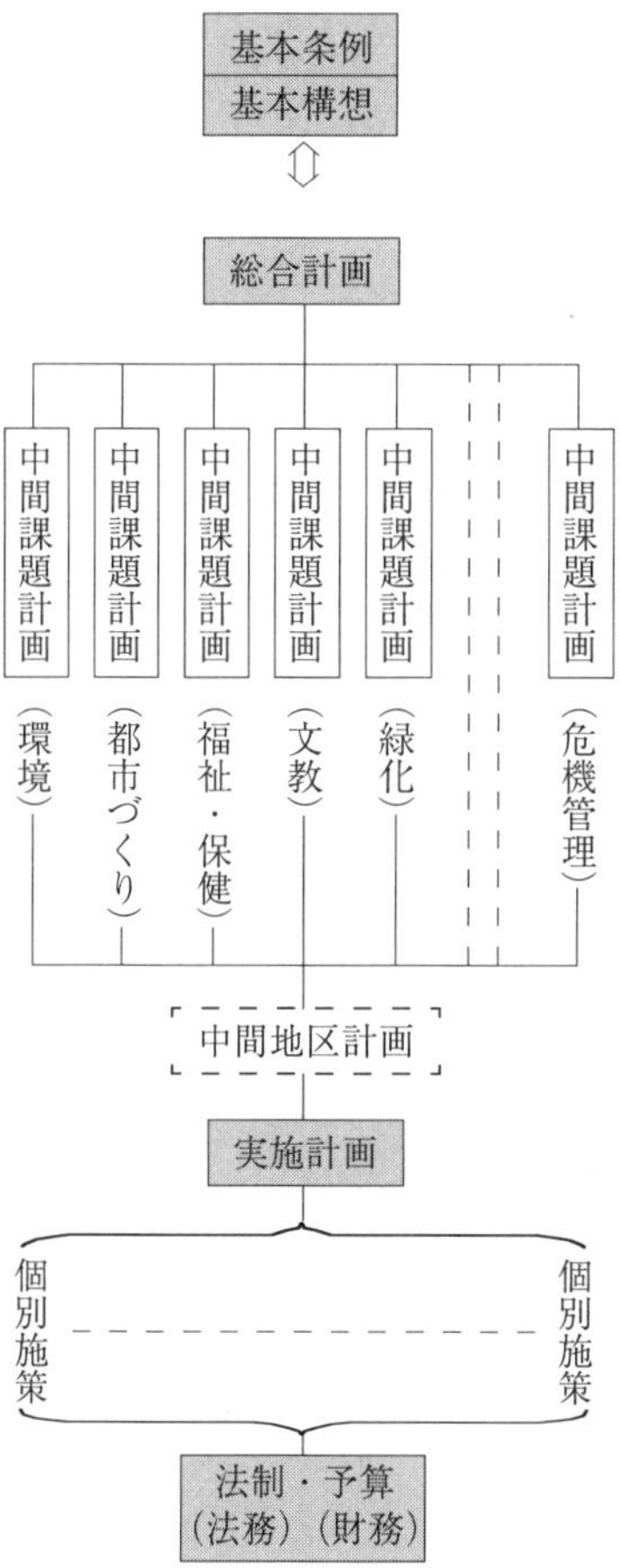

でのマスタープラン、あるいは危機管理計画や緑化計画などです。こういう中間計画をめぐって、計画づくりの内容は複雑になってきました。

この中間計画には、図7のように二種類のくみあわせが必要となります。第一は、市全域にわたる「ネットワーク計画」つまり〈中間課題計画〉です。第二は、第一のネットワーク計画の地域結節環となる、たとえば駅前広場、オリベストリート、駅北旧鉄道用地のような特定の地区プロジェクト計画つまり〈中間地区計画〉です。

ただ、「中間課題計画」については、省庁各局課の予算分捕りのための縦割「行政計画」策定に必要があって、市町村にマニュアルがきています。だが、この省庁マニュアルからの出発ではなく、まず各自治体は「わが」自治体の〈必要〉のため、独自・独創の実効ある中間計画をつくるべきです。次に、これを省庁からのマニュアルに対応させて、省庁報告用とすればよいのです。

長期・総合計画は、これまでつくった中間計画のまとめ、あるいはこれからつくる中間計画の前提という位置にたちます。もちろん、長期・総合計画、ついでこの中間計画それぞれを、「絶対」と考えることなく、経済、社会、政治の構造変化、市民の考え方や世論の変化に対応して、いつでも「つくりかえうる」という、柔らかい、市民に開かれた性格をもたせるべきでしょう。

ただ、個別施策の発想をめぐって注意していただきたいのは、次の二点です。

（1）行政では、主権者である市民ないし市民活動を教育するというような考え方の社会教育行政は、生涯学習と名前を変えても、終わったということです。公民館は廃止して、市民が運営・管理する地域センターにしたいと思います。育児や緑化、リサイクル、ＩＴなどの講座を自治体が主催するときには、専門に詳しく、政策に責任をもつ、首長部局の担当課が企画・主催すべきだということになります。また、そこでの市民との討論は行政に直接いかされていきます（拙著『社会教育の終焉』一九八六年筑摩書房、新版二〇〇三年公人の友社参照）。

（2）行政は、条件が特化している各商店街、あるいは専門が特化している各個別産業への「指導」はもちろん、「協働」「支援」さらに「保護・育成」については、農業をふくめてもうできないということです。むしろ商店街あるいは企業者集団が主体として責任をもち、行政はこれにたいしてせいぜい行政情報の公開という協力しかできないということになります。基本としては、国や県からの、また市町村独自の補助金は、補助金依存心理をうむため、むしろ地元の自由な発想を阻害する要因にすぎないと考えてください。

以上の（1）（2）をめぐっては、政治・行政はかぎられた範囲内での、それも情報をふくめて最低限の「条件整備」をするにとどまるという自覚をたえずもつことが必要です。政治・行政が口出しをする第三セクター型の文化施設、産業施設などを全国でみますと、死屍累累であることを想起してください。図3でみましたように、政治ないし行政は万能ではなく、できうる範囲はかぎられています。そのうえ、市民の文化・情報水準、団体・企業の専門・政策水準は、市町村、県、国の行政組織つまり職員や官僚、また政治家の水準を超え始めてきたことにも、留意しなければなりません。市民と行政の関係は、ナレアイの「協働」ではなく、「緊張」をもっています。

多治見市総合計画策定委員会で、「賑わいや活力を創り出すまちづくり」、「環境と共生するまちづくり」、「だれもが暮らしやすいまちづくり」、「知性とゆとりを育てるまちづくり」、あるいは「人と人が交流するまちづくり」など六部会がおかれますが、この部会単位の議論は、前述の《中間課題計画》の具体構想を想定するとともに、ここでみた「行政の限界」をはっきりさせながら、オカミ依存という従来の考え方を捨てて、市民が主体となるようなかたちでの議論をすすめていただきたいと思います。

しかも、議論の成果をあげるには情報公開が基本ですから、もし必要な情報が欠けているときは、その担当職員を呼んで直接会議で議論できるよう、市長から特認の権限をその「設置要綱」でもつべきでしょう。でなければ、議論はすすみませんし、こうしてこそ市民・職員の緊張ある共同討議ができるのです。

［7］ ビジョンと情報公開

計画には、また、将来の市の骨格構造をつくる戦略を想定した計画全体の主題設定が必要となります。多治見市内での各地区の特性をいかしながら、多治見市を全体として、将来どのような戦略ついでカタチをもつ市にするのかについて、市全体の合意づくりがとくに必要です。

いわゆるビジョンづくりないしキャッチフレーズづくりがこれです。キャッチフレーズが明確でなければ、市民の合意も成り立ちません。それから、いわゆる観光関係でも、「多治見市はこういうまちづくりをしています」という、いわばブランドが必要です。ぜひ、個性あるキャッチフレーズをつくってください。しかも、このビジョンが具体性をもつには、三本から七本ぐらいの間で、戦略課題の柱にたてて（図6参照）、計画書の最初に設定すべきです。

人口動態をどう想定するかも重要となります。多治見市の人口増加はいま鈍化していますが、前述しましたように、これからは日本全体とおなじく減るのかという問題がきびしく残ります。将来の人口規模をどれくらいにみるかの予測をたてないと、学校をはじめ、水道からゴミ処理まで計画がつくれません。とくに、水も不足し、ごみ処理場もしなければ、名古屋駅からの通勤四〇分といった立地条件がよくても、人口増加を望むのは不可能でしょう。

また、これまでにできた新開の住宅地の人口も高齢化すれば、買い物などの不便があるとき、名古屋回帰によるゴーストタウン化もありうるわけです。東京の多摩ニュータウンをはじめ全国の新開の住宅団地にはこのような事態がすでにおきています。親しみがあり便利で、緑あふれる、文化水準の高い地域づくりをおこなわなければ見捨てられて、それだけ新住民の定着度が低くなります。

国単位、県単位では人口の流れを動かすことは当然長期となりますが、市町村では短期でもできます。つまり、立地がよければ、住宅都市整備公団の団地を誘致したり、民間デベロッパーを積極的に導入したりすることで、人口を増やす事はできます。しかし、水もない、ごみ処理もできないとなれば、『宅地開発指導要綱』などで人口をできるだけ増やさないように抑制していくという方法もあります。

多治見市も戦後の新住民が人口の四五％ぐらいですが、前述したように、高齢になっても永住したくなるような地域づくりをするにはどうしたらよいか、これからの計画づくりのおおきなポイントとなるでしょう。

以上のビジョンづくりには、今一度、情報の公開に戻らなくてはなりません。市を愛するか、信頼するかは、情報公開のあり方と直接に結びついているからです。先程も述べましたが、計画づくりには、いわゆる資料までつけた《討議要綱》をもとに、市民参加、職員参加、あるいは議会の全員協議会で議論しなければ、情報すらふまえない思いつき発言のみになってしまいます。

情報公開によって、多治見市の財政の実態から市民施設の再編、ついで文化・歴史遺産のくみこみ、またそれらの運営・管理のあり方まで、市民に公開してはじめて、作文とは異なる予測性かつ実効性のある計画ができます。さらに、二〇〇〇年代にはいれば、一九六〇年代からつくりはじめた市民施設・都市装置についての補修・改築問題も噴出するため、この補修・改築にともなう財務計画の作成・公開も急務となっていきます。

この情報公開には、とくに職員がとりくまなければ、職員自体、ついで市民それに長・議員も情報がないとき、計画づくりに実質の参加ができないことは、すでに述べました。結局、計画書としては奇麗事ばかりの「作文」ではなく、現実はこうだから、この問題をいつまでに、このように解決すると、職員からみれば身を切られる思いとなりますが、情報公開を前提に具体的な論点が尖鋭に書かれている計画書をつくっていただきたいと思います。

しかし、職員の方も、多治見市の交通事故はどこで起きているのか、一人もご存知ないのではないでしょうか。それなのに、どこの自治体でも計画書を見ると、「交通事故をなくします。交通安全に万全を期します」と書いてあります。これこそ「作文」です。交通事故がどこで起きているのかは、警察から原票を借り、地図に落とさなくてはわからないのです。頻発場所がわかれば具体的解決策をきめることができます。

消防でも、消防車の入らない道をすべて地図で公開しておく必要があります。また、せまい道路では火事の時、家財を持ちだしたら、消防車が動けなくなってしまいますから、家屋密集地域で道路を拡幅するだけの計画ないし財源がさしあたりないとすれば、売り地が出たとき、小面積でも買ってポケット公園などにしておけば、家財をそこに持ちだすこともできます。しかも、神戸大震災にみられましたように、この小緑地は延焼をとめる防災拠点にもなるのです。こういう論点を、地価の下がったいま、具体的に考えなくてはなりません。

それから、市有地がどこにあるか。市長、議員、職員、それに直接の管財担当の方も、誰もはっきり知らない。これを日常的に公開しているのは、三〇年前から公開している武蔵野市ぐらいでしょう。一般的には、庁内には明治以来の台帳があるだけです。しかし、市町村では、固定資産税係の職員は税金がかけられない土地を知っています。あの山は国有地か私有地か、あるいは、昔の「字」のいわゆる財産区か、を知っているのです。市町村、県、国の公有地のみですが、所有関係を地図に色分けして公開し、公有地の使用効率をいかに高めるかも、計画策定には不可欠の課題です。それに将来必要のとき、新しく土地を買わなくても、この公有地を使えばよいというケースもでてきます。

多治見市については知りませんが、建設部の砂などの資材置き場で、案外ムダに広い土地を都心にもっている自治体があります。これを三分の一にして、三分の二は他に使う。使い道がなければ、さしあたり市民がつかえる緑地とし、防災・避難用地も兼ねる。これらをおしすすめるには、市有地、県有地、国有地を公開しておかなくてはできません。

ようやく「防災地図」が作成・公開されはじめましたが、防災をふくめひろく政策情報として、自治体の地域特性、政策構造を数十枚の地図に落として公開するために、武蔵野市が一九七三年以来、計画改定の前年の、四年ごとに現在もつくりつづけているような『地域生活環境指標地図』集を早くつくっていただきたいと思います。これの目次をご覧になると、市レベルでどのような情報をもつか、またつくれるかもわかります。あるいは公開には印刷とＩＴの双方をつかうのがよいでしょう。この作成こそが情報公開の基本です。

これがあれば、市民、議員・長それから職員が同一情報で種々の機会や会議で議論ができるようになります。この情報地図集を職員がつくらない自治体では、最近では青年会議所がつくります。青年会議所には測量屋さん、建設業さん、印刷屋さんもいます。自分たちの基金をつかって、自分たちでつくっていきます。市の企画部長が窓口となり、市長命令でデータを出し、青年会議所のメンバーが自分たちでつくります。市役所がこれをまとめて買い上げて、わが市はこうなっているのか、とあらためて考えるわけです。職員より市民の方が水準が高くなっているのですから、問題状況は行政がオカミであった時代とは逆さまになっていきます。

これまで、日本の自治体内部の個別情報は各課が縦割で別々にしまいこんでいるのですから、それを誰もが見れるように、マッピングをふくめて整理・公開されていないとき、市民、職員、議員・長は同じ共通の情報での議論はできません。これでは市民参加、職員参加、それに議員参加による計画・施策づくりはできないではありませんか。情報共有とはこのような文脈です。

いわゆる情報公開条例は、庁内文書の外からの手続による公開です。市民オンブズマンによるカラ出張伝票などの公開はこの文書公開からきます。だが、もう一歩進めて、市民誰もが政策をつくる、職員誰もが政策をつくる、あるいは、もちろん議員や長も立案するための、指標地図の公刊というシクミづくりをしていただきたいと思います〔多治見市は一九九八年に第一回、二〇〇三年に第二回を作成〕。

とくに、職員の方も、このような「指標地図」だけでなく、「連結財務諸表」をはじめとした、多治見市全体の構造を考えうるようなかたちでの、〈政策情報〉の整理・公開をみずからすすめないかぎり、多治見市全体の「専門家」になれません。このような情報公開がなければ、職員の方々も多治見市政全体の構造がわからず、今とりくんでいる縦割の仕事、それも机に対応した国の通達〔二〇〇〇年分権改革以降は通知〕や補助金を知っているだけという、従来の縦割型公務員にとどまります。このため、地域全体の戦略問題へのとりくみについては、すでに、市民活動をしている方々が、よほど職員よりも水準が高くなっていきます。

そのうえ、都市型社会の市民は、経営者や農業者、銀行マンはもちろん、建築家、造園業、広告業、あるいは再処理業者、スーパー店員、さらにトラック、バス、タクシーの運転手、また新聞記者、医者、弁護士、会計士、教員などをふくめて、それぞれ職業による最先端の専門家です。その意味では、いわゆる専業主婦も地域生活の専門家です。としますと、『討議要綱』による市民参加手続の構築がいかに計画策定の基本かが御理解いただけると思います。

自治体の情報のあり方が縦割・閉鎖型の旧来のままでは、職員、長・議員も、自治体の全体構造を理解できません。様々な職業の市民もふくめ、長・議員、それに職員が自治体計画の策定にとりくむには、以上にみたようなかたちで、情報公開のシクミをどうつくるかにかかっています。計画づくりへの市民参加、職員参加、それに議員参加の条件は、このような新しいかたちでの情報共有なしには不可能です。

計画自体の厚さも問題です。「討議要綱」、「素案」「計画書」の公開・配布については前に述べましたが、これらはタブロイド版八頁以下でないと市民全戸配布、職員全員配布ができません。これまで、「計画書」は企画課が権威づけのため、長文にする。そのうえ、わざわざ厚い紙を用い、かつては金の背文字で重量感まで出す。ですから一冊あたり高価になり、全戸配布ができない。当然、少部数にとどまるため、関係市町村や県に配布し、残りは議員、あるいは地元有力者だけとならざるをえません。部課長にすら配布をしない自治体もあるのですから、一般職員は見たことも触ったこともない。一般市民や職員用には、いわば上澄みを美文に要約した広報紙が配られるだけとなる。

だから、誰もこの要約文をまじめに読みません。計画本体が美文のうえ、さらにその上澄みの美文ですから、要約文では読んでも空虚で、何もわかりません。多治見市は計画書自体を職員全員にすでに配るようになっているそうですが、ぜひ、広報三回分を増やすつもりで、タブロイド版八頁以内の「討議要綱」ついで「素案」、さらに完成した「計画書」を、議員全員は当然ですが、市民全戸配布、職員全員配布をし、市民、職員が《私たちの計画》というかたちで共有しうるような機会をつくりたいと思います。

むしろ、自治体計画策定自体が「情報共有」の過程とみるべきでしょう。とすれば、自治体計画は基本条例とともに、市民による自治体の「組織・制御」をめぐる「予測・調整」という、《市民管理》ないし《市民自治》の《手続・手法》の基本となります（図7参照）。

計画と計画書は区別していただきたいのですが、この計画書は、厚ければ長・議員をふくめて誰も読まず、読んだ人は書いた人と校正した人だけとなり、もらった方々では応接間の飾りになるだけです。そんな状態の中で、市長が「計画にもとづいて市政をすすめますから、皆さんよろしく頼みます」と庁内放送をしても漫画です。市民や職員は見たこともない計画の実現にとりくむことはできません。としますと、計画書はできるだけ薄くして、一行一行血が出るような文章にすることが必要となります。

環境、福祉、あるいは文化、緑化の重要性についての一般的な駄文をいまさら計画に書き込む必要はないではありませんか。わが自治体ではこういう形で問題に突き当たっているから、何年以内にこういう方法で解決するシクミをつくると、具体的に書けば薄くなります。

［8］ 自治体計画に実効性を

最後に、実現過程の問題点です。長期・総合の自治体計画づくりは柔らかい大枠づくりです。実現過程では、図7で位置づけた中間計画、ついで個別施策をつくって、年々の予算で実現していくことになります。あるいは、長期・総合の自治体計画づくりは、これまでの中間計画や個別施策をあらためて総合・再編する機会だといってよいでしょう。

この実現には、まず、長・議会の責任自覚からの出発となります。ついで、庁内の人事を一人ひとりの職員が個性を発揮できるようにすることも不可欠です。のみならず、庁内組織の再編も新計画の実現には不可欠となります。つまり、シビル・ミニマムの量充足から質整備へと自治体課題が変わり、「政策」のスクラップ・アンド・ビルドの時代に入ったため、これに対応して「組織」「職員」をふくめて、当然、庁内のシクミを変えざるをえません。

建築の設計は今日ではほとんど外注となっていますから、建築課を廃止し、たとえば高齢者関係の施設建設についても、直接、福祉施設専門の建設企業と福祉部が交渉するようにし、かつての建築課を営繕係のみにしてしまった自治体もでてきています。そのとき、従来の建築技術者は企画課や都市計画課などにもうつり、地域づくりのプランナーないしプロデューサーとして再生することになります。

全国の自治体で、従来の省庁縦割行政を「破壊」して、こういう改革が急務となる〈転型期〉になってきたのです。事実、《自治体再構築》というかたちで、庁内組織全体の見直しの時代に入っています。厳しい論点ですが、職員はもうこの事態を逃げることはできません。

個別施策についても、ゴミ処理からダイオキシン問題をふくめて、世界政策基準や国際先進事例をふまえた、その最新レベルでの行政技術の開発はもちろん、自治立法など「法務」によるその法制化、さらにその「財務」をめぐって原価計算、事業採算、あるいは「入札改革」も急務となります。でなければ、転型期という今日の計画は実効性をもつことはできません。急務の自治体再構築には、〈行政技術〉の革新、ついで《法務・財務》という新課題領域へのとりくみによって、この多治見市方式をつくっていくことが必要となります。それから、ＩＴなどの情報化をめぐっても、各職域の革新がすすみます〔これらの点については、拙著『自治体は変わるか』(一九九九年、岩波新書)で具体的にのべている〕。

くわえて、先程も述べましたように、アーバン・デザインといわれる地域づくりのデザイン水準も、市民の生活・環境の条件整備には不可欠となってきました。もし多治見市の市民ないし職員にデザイン能力のある人材がまだ育っていないならば、外部の一流のデザイナーに頼むことも必要となります。計画自体の外部委託は駄目ですが、特定のデザインについては必要な「所」ではやむをえません。デザイン料が一般の設計者でもし二千万円かかるとするとき、高い水準の設計者はもし三千万円とすれば、一千万円しか違いません。一千万円の差でまちの風格が変わるならば、高いとはいえないでしょう。自治体財政の緊迫といっても、安かろう、悪かろうの時代ではないのです。

もちろん、水準の高いデザイン感覚をもつ多様な人材を育てるのが基本です。事実、水路についても、もう三面張りの時代は終わりました。建設省も「多自然型河川」というかたちで、ようやく「三面張り」をやめました。水辺に草を育てたり、石を入れて、魚が住めるようにするといった環境再生こそが、川をいかすわけです。最近の『建設白書』はこの「多自然型河川」などのモデルを紹介するため、カラー頁もつかっています。問題は、これまでこの川をいかす技術で失敗していた建設省が、今度は市民活動から教った多自然型河川の方式を、これまでの官治・集権の補助金行政でおしすすめようとするところにあります。

先駆自治体は今日では建設省以上の高い技術水準をもっておりますし、この「多自然型河川」方式自体が、市民活動あるいは自治体職員が建設省の反対をおしきってすすめてきた成果です。一九八〇年代以降、自治体からの〈文化行政〉ないし「行政の文化化」という問題提起がまさにこれだったのです。まとまったその先駆的問題提起が、松下圭一・森啓編『文化行政』(一九八一年、学陽書房)でした。これまでの建設行政全体について、建設省みずから、それに県土木部をふくめて反省すべきでしょう。今日でも、市町村への分権化についての反対の急先鋒は、国、県、市町村のタテ系列の建設行政における政官業複合ではありませんか。もちろん、同型の論点は、当然、他の省庁についてもいえます。

これからは、計画実現をめぐって、「財務」問題はもちろん、また第一章でみた「法務」問題も重要になります。市町村が新たに独自政策をつくりますと、国の法律、政令、省令、通達〔二〇〇〇年改革以降、通達は失効〕など、あるいは県の条例など、それにわが市町村の既成の条例、規則、要綱などとの調整問題が出てきます。もちろん、全部の職員が法務に詳しくなる必要はありません。一般の職員は自由に考え、自由に政策をつくります。この新政策と既成の国の法制、あるいは県の条例などなどとの解釈調整、さらには新しい条例立法には、各自治体で法務専門職員が必要となります。このため、市町村、県は法務職員を養成し、さらに文書課を〈法務室〉に再編することになります。また議会事務局にも法務職員の配置が必要となります。

国も、議員立法では衆・参各院の法制局、省庁の法制立案では内閣法制局で精査します。市町村、県でも、当然この法務が必要ですから、これにとりくむため文書課を法務室に変えるべきなのです。これまで、市町村、県は法務では、財務もふくめて、国つまり省庁依存だったのです。だが、国依存では市町村、県は政府としての責任能力を成熟させることはできません。

ひろく政策・組織・職員の再編はもちろん、情報公開、行政手続、またオンブズマン、住民投票も、実質、法務問題です。それから、監査請求も多くなり、また外部監査も日程にのぼりますが、これもまた法務問題とかかわります。このため、既存法制の改革あるいはその運用を変えるとともに、自治立法としての条例づくりをめぐって、法務の多治見市方式が求められます〔政策法務担当課長を四名のスタッフとともに二〇〇〇年四月に新設〕。

明治以来、国法は天皇の法律、あるいは国家の法律ですから、県や市町村は国法をそのまま執行すればよいと飼いならされてきました。条例論に未熟のため、大学法学部もまだ実質そのように今日も教えているのです。そこでは、機関委任事務方式の前提にある国法の絶対・無謬が想定されていました。だが、今日では国法は時代オクレないし役だたず、あるいはザル法が多いため、自治体計画ないし個別施策の実現には、多治見市も独自の法務政策をもつことが大切となります。

しかも、行政の〈現場〉に詳しい顧問弁護士は、あまりおりません。日本の弁護士は一般的にいいますとほとんど民事・刑事専門です。急速に変っていく行政争点を弁護士あるいは裁判官に法務用語で説明できる法務職員を置かなければ、自治体は訴訟にも負けます。法務職員を育てるには、筆記試験はないのですが、法学部大学院の社会人入学に、市では年二人くらいづつ派遣するということを考えざるをえないことになります。一〇年で二〇人育つではありませんか。この職員の大学派遣は解釈学中心の従来型法学教育を立法学中心に再編することにもなります。先駆自治体ではすでに条例などを自前でいつでもつくれる態勢をとっています。町村では県の町村会に法務センターをおくことになるでしょう〔すでに一〇県ほどではじまっている〕。

職員研修も、従来のような国の通達への型ハメではなく、政策・制度開発を課題として、改革が一九八〇年代から進んでいます。職員の個別施策づくりの水準を高めることが長期・総合計画の実現の前提だからです。でなければ、計画がせっかくできても、それを実現できません。すでに、高齢者介護では、各市町村がそれぞれ独自の個別施策づくりに直面しているではありませんか。

長期・総合計画については、また、その進行管理が必要となります。各課がどこまでとりくんでいるかについて、企画課でたえず掌握し、進行管理というかたちで計画実現を推進・調整することになります。また、計画の進行状況について、長はたえず議会に報告する。それから、年一回は、計画策定にくわわった市民参加組織、職員参加組織にも報告するとともに、広報にも載せることが必要です。いわゆる報告責任です。

各自治体は、今日の計画主題である《自治体再構築》に、どこまでとりくんだか、どのような問題にぶつかっているのか、を掌握するとともに、新しいマクロの状況変化にも対処する必要があります。とくに、市民、職員、それに議員も計画づくりにとりくんだのですから、長はその時点、その時点での政治評価もくわえながら、論点を整理し、これを報告する義務もあります。これこそが進行管理です。この進行管理は「個別施策」だけでなく、「計画」全体の進行管理としてこそ必要です。

なお、計画の進行管理ないし年次予算の編成での基本は、実施計画にでていない個別施策は緊急案件以外はとりあげない、もぐりこませない、という原則を堅持することです。でなければ、計画はつくったその時、すでに空文になっているわけです。これでは市民、職員、長・議員のエネルギーのムダづかいではありませんか。しかも、新しい重要施策を試行錯誤してつくるときは準備に数年はかかるわけですから、計画改定と新個別施策の計画への編入はタイミングがあうはずとなります。

ほぼシビル・ミニマムの「量」充足をみた今日、危機管理もふくめて、今後の自治体計画の予測性ついで実効性については、不確定現実のなかで高い洞察力が望まれるといってよいでしょう。そこでは、とくに市民、職員の活力が、計画をめぐって個別施策の開発・実施・評価としてたえず問われるとともに、計画実現の全過程がまた次の計画改定での予測ついで実効につながっていきます。

これで終えさせていただきますが、私は論点を整理させていただいたにすぎないのですから、ぜひ、皆さん方で《転型期》における自治体計画の多治見市方式を創出して、多治見市独自の個性ある地域づくりをすすめていただきたいと思います。長時間、ありがとうございました。

新版あとがき

二〇〇一年の『第5次多治見市総合計画』の策定にあたって、一九九八年八月におこなった私の問題提起をまとめたブックレット『分権段階の総合計画づくり』は、一九九九年にTAJIMI　CITY　Booklet　No.2として多治見市から刊行され、のちに公人の友社からの委託販売となっていた。

このブックレットについては、かねがね、公人の友社から新版としての刊行を強くおすすめいただいていた。このたび、多治見市の了解をえて、今日急務の《自治体再構築》をめざし、実務レベルで「役に立つ」かたちをとる『転型期の自治体計画づくり』として、公人の友社からあらためて刊行することにした。この新版の刊行にあたっては、読みやすくするとともに、論点を明確にするため手をくわえたほかは、一九九八年の原型をのこしていることに留意いただきたい。

なお、多治見市の現況などについての短い付記は、〔　〕で明示している。

また、《自治体再構築》というこのブックレットの問題設定の背景となっている、二〇〇〇年前後における自治体の〈転型期〉の構造については、拙著『転型期自治体の発想と手法』（二〇〇〇年、公人の友社）を参照ください。

一九九八年の講演にもとづいたこのブックレットは、二〇〇〇年分権改革以前の問題設定であるが、当然この分権改革を想定している。だがそれだけではない。私自身、一九七〇年前後から、二〇〇〇年分権改革で廃止となった、いわゆる官治・集権トリックの「機関委任事務」については、各自治体は自由な工夫ないし発想で自治体計画にくみこみうるというのが、私の持論であった。このため、二〇〇〇年分権改革後の今日も、このブックレットの基調を書きかえる必要はないという考え方をとっている。

＊

今日の自治体計画づくりという自治体の政策枠組策定は、戦後の日本が開発した独自手法で、国際比較からみても自治体理論の日本型特性をなすことに注目していただきたい。この自治体計画についてのべた私の論考には、私自身の策定・実現の経験をのべた「回想の武蔵野市計画」（『自治体は変わるか』岩波新書、一九九九年所収）がある。ここでは、計画の実効性をめぐって、どのような条件が必要かにとくに配慮してのべている。さらには、日本における〈今日性〉をもつ自治体計画策定の方式と論理についての、最初の理論化となる『都市政策を考える』(一九七一年、岩波新書)、ついで「自治体計画のつくり方」(岩波講座『現代都市政策Ⅲ』一九七三年)もつけくわえておこう。

後二者は、これまで、国の「官庁土木」にとどまっていた地域づくりを、《市民》による「シビル・ミニマムの空間システム化」に転換させ、日本独自の自治体計画策定の手続・手法を、当時、理論として定式化したものである。この考え方は分権改革後の二〇〇〇年代でこそ〈今日性〉をもつことを、拙著『シビル・ミニマム再考』(二〇〇三年、公人の友社)であらためてのべた。

自治体計画は、一九五〇年代から、官庁計画としての国の経済復興計画、ついで経済成長計画、国土開発計画に呼応する、土木型の地域振興計画などというかたちで、県レベルからはじまった。だが、一九六九年、美濃部革新都政のもとで、私の発想によるシビル・ミニマム手法が導入されたため、自治体計画の手法は一変した。ついで、このシビル・ミニマムを「政策公準」とする自治体計画の策定を、一九六三年からはじまる革新市長会議が推進していった。一九七〇年、『革新都市づくり綱領=シビル・ミニマム策定のために』がこれである(革新市長会編『資料革新自治体』正一九九〇年、続一九九八年、日本評論社を参照)。

それゆえ、一九六九年、『地方自治法』への「基本構想」の導入は、一九六三年の統一自治体選挙からはじまる革新自治体の群生を背景に、市町村レベルにおける自治体計画の自立を、国、県がいう、いわゆる〈上位計画〉のもとで規制するという目的を本来はもっていた。しかし、これが逆に、自治体の政策自立をうながしたということを本文でものべたが、ここでもあらためてこの論点を確認しておく必要があろう。

しかも、一九六九年の法定当初から、実質、市町村は自由に独自の総合計画を立案すればよく、もし市町村相互、あるいは県、国との調整が必要なときは、その問題となる個別施策をめぐって具体的におこなうことになるからである。各市町村の自立した独自の自治体計画を、国、県の〈下位計画〉にすぎないとみなす位置づけは、国の失敗であった。

＊

二〇〇〇年前後になると、バブルによるムダづかいの加速もあって、国も財政破綻なのだが、財政破綻におちいる自治体もおおくでてきた。このムダづかいないし行政膨張については、一九八〇年代以降、自治体は、国ともにその政治課題は、ナイナイづくし段階でのシビル・ミニマムの「量充足」をほぼ終って、《行政の文化化》というかたちでの微調整型ないし再開発型での「質整備」への転換が緊急であると私はのべつづけるとともに、この論点を『日本の自治・分権』（一九九五年、岩波新書）以降にはさらに厳しく指摘してきた。

だが、旧大蔵省をはじめとする国の省庁官僚ついで政治家は、この転換の予測に失敗していた。旧建設省などによるムダのうえに環境破壊をよびおこす悪評の公共事業での過剰計画が有名だが、旧自治省の総合整備事業債など、その後には合併特例措置もくわわるムダのバラマキによる地方交付税特別会計の崩壊をはじめ、旧厚生省の各種社会保障をめぐる制度設計・運用の失敗、またあいかわらずの農水省、旧文部省をはじめとした旧来型補助金の自治体への強制など、省庁縦割政官業複合がそれぞれきそって、自治体をまきこみながら国富の浪費をつみかさねてきたのである。

ここから、二〇〇〇年前後では、拙著『自治体は変わるか』（一九九九年、岩波新書）、『転型期自治体の発想と手法』（二〇〇〇年、公人の友社）で設定したように、自治体は新しく転型期にはいる。そこでは、日本の分権化・国際化という〈構造改革〉をめぐる（1）分権改革によるだけでなく、国の政官業複合による政策失敗にともなう（2）財政破綻への緊急対応、さらに（3）都市型社会の成立ついで絶対人口減からくる政策再編が急務となる。こうして、特殊今日的意味での「自治体改革」として、（1）（2）（3）をめぐる《自治体再構築》が、自治体計画の新課題となってきた。

この間、省庁縦割の国レベルでは、中進国型の包括性をもつ経済計画ないし国土計画は、二〇〇一年の経済企画庁、国土庁の廃止とともに終わっていく。国レベルの計画は、予算分捕りをめざした省庁ないしその局課による、ムダを拡大する縦割事業計画、いわゆる「行政計画」のヨセアツメに堕していったからである。

二〇〇〇年前後、日本の各自治体では、この（1）分権改革、（2）財政破綻、（3）政策再編をめぐって、自治体再構築の「長期・総合性」したがって「戦略性」の確立のため、予測・調整が必要な諸課題の〈一覧性〉をめざした、自治体計画の有効性ないし緊急性は逆にたかまってきたといわなければならない。自治体財源の縮少のため、今日時折みられる自治体計画不用論は、企画室だけ、ないしシンクタンクへの委託による、行政膨張指向をもった従来型の作文計画しか知らない論者によっているにすぎない。従来型の理論家や学者、また自治体企画課職員は、以上にみたような自治体計画の意義変化についての問題設定が未熟なのである。

本書でものべている、今日の日本の《転型期》という構造要因による自治体の財源縮少をめぐって、スクラップ・アンド・ビルド方式による政策再編・組織再編・職員再編という《自治体再構築》が、二〇〇〇年分権改革とあいまって緊急課題となっている今日こそ、情報公開をふまえながら、市民、長・議会、職員の「合意」をめざす《自治体計画》の策定が不可欠となっている。当然、（1）分権改革にともなう自治体の政府としての自立、（2）行政膨張よりも困難な行政縮小を課題とする自治体財務への緊急対応、(3)都市型社会さらに少子高齢化ないし人口減をふまえて市民自治型の政策再編をめざした、市民参加、職員参加、また長・議会による決定という計画策定手続、つまり〈合意〉の手続の不可欠性があらためて再確認される。

今日の自治体計画不用論は、市民、長・議会、職員間の合意が急務となる、困難な《自治体再構築》から、無責任にも「逃亡」をはかっているといわざるをえない。

＊

二〇〇〇年に市民参加、職員参加によって策定された多治見市の『第5次総合計画』は、この新版の〔 〕による付記のように、以上の自治体再構築という急務をきびしくふまえて、これにとりくんでいる。だがそれだけではない。そこでは、さらに、「施策プログラム」というかたちでの計画の新スタイルの造出となり、画期的と高く評価されることになった。この自治体計画策定・実現の多治見市方式は、いわば、官僚答弁のようなゴマカシができる記述型から明快な個別・具体のプログラム型へという、計画スタイルの転換となったのである。個別施策それぞれについては、財源とみあった実施計画期間内での実行施策と、この期間ではできない将来施策とにわけるだけでなく、個別施策ごとに担当課を明示して職員責任を公開し、進行管理もできるというかたちをとっている。

このプログラム型という自治体計画の新スタイルは、従来、記述型の自治体計画の「末尾」に、時折つくられていた『施策一覧』を、逆転の発想ともいうべきかたちで、計画の「本体」にくみかえたと位置づけたい。この計画スタイルの転換は、策定にあたって、市民参加、職員参加による、個別施策にまでたちいった具体性のある討議がいかに不可欠であるかを、あらためてしめしている。とくに、職員参加なくしては、政策・組織・職員の再編をともなう、個別施策にまでたちいることができにくいことに留意しよう。

今後、日本の自治体では、まず人口減またその人口の高齢化による税収減・支出増という構造問題に、全国規模で、国とともに直面するだけでなく、景気回復となればこれまで積みあげた膨大な借金の利率がたかくなるという矛盾もかかえこむことになる。そこでの自治体再構築をめぐる具体的突破口としては、とくに〔1〕国、県から市町村への大幅財源移転による市町村の政府責任の確立はもちろん、政策再編を阻害し〈省庁縦割規制〉を強化しているだけとなった〔2〕『補助金等適正化法』の廃止ないし全面改正が緊急となり、くわえて政策再編の入口であるとともに、地域レベルでの〈政官業複合〉の破壊となる〔3〕「入札改革」も急務となる。

なお、従来の〈財源論〉としての「財政」という発想以上に、ヤリクリをめぐる〈政策論〉としての「財務」という考え方が、この自治体再構築をめぐって不可欠となったことについては、さらに拙稿「転型期自治体における財政・財務」（公職研臨時増刊『破綻する自治体、しない自治体』二〇〇三年三月）を参照いただきたい。

大型合併論議は必然性がなく当然消えた多治見市も、人口見通し、財政現実のきびしさを加えているため、今後あらためて、本書にみたような財務努力をふまえた政策・組織・職員の再編が課題となる。とすれば、自治体再構築をめぐり、基本構想からの見なおしが必要となるかもしれない。なお、本書は多治見市の実状について、私個人の視角からの批判にもなっているが、全体課題の明示・解決が自治体計画本来の意義であることをふまえて、寛恕をおねがいしたい。

しかし、何よりも、まず、プログラム型という今回の計画策定手法の革新を実現した多治見市の市民、職員、同時に長・議会に敬意を表したい。市長からするこの多治見市方式による計画の実現状況については、西寺雅也市長による『多治見市の総合計画に基づく政策実行・首長の政策の進め方』（北海道地方自治土曜講座、二〇〇四年、公人の友社）が論点を的確にしめしている。次の計画改定をめざして作成された二〇〇四年の『討議課題集』（本文でいう討議要綱）では、本書にみたような自治体としての「持続可能性」について、大胆な情報公開、さらにきびしい予測提起をおこなっているが、時代感覚の鋭い職員層が新しく育ってきた多治見市において、はじめてできたというべきであろう。

また、「わが」自治体計画のあり方をおおきく枠づけるため、分権改革にともなって緊急となってきた《基本条例》については、拙稿「なぜ、いま、基本条例なのか」（公職研臨時増刊『自治基本条例・参加条例の考え方・作り方』二〇〇〇年二月）でまとめておいた。

このブックレットの新版刊行をすすめられた公人の友社、ついで了解をあたえられた多治見市にあらためて感謝したい。

松下圭一

著者紹介

松下　圭一（まつした・けいいち）

法政大学名誉教授

１９２９年生まれ。福井県出身。元日本政治学会理事長、元日本公共政策学会会長

【主著】「シビル・ミニマムの思想」（東大出版会）［毎日出版文化賞］。「市民参加」（編著）（東洋経済新報社）［吉野作造賞］。「政策型思考と政治」（東大出版会）［東畑精一賞］。

また、「都市政策を考える」、「市民自治の憲法理論」、「日本の自治・分権」、「政治・行政の考え方」、「自治体は変わるか」（いずれも岩波新書）、「転型期自治体の発想と手法」、「都市型社会と防衛論争」、「社会教育の終焉［新版］」、「シビル・ミニマム再考」、「市民文化と自治体文化戦略」（いずれも公人の友社）、最近では「戦後政党の発想と文脈」（東大出版会）、「市民立憲への憲法思考」（生活社）など多数。

刊行にあたって

平成十三年度をスタートとする第5次総合計画の計画づくりのキックオフとして、平成十年八月に松下圭一先生にご出講いただき、計画づくりに携わる職員はもちろんのこと、計画策定市民委員会委員、市議会議員に向けて、計画をつくる上での論点について整理していただきました。

当時は、地方分権の論議がようやく盛り上がる中で、地方分権段階において総合計画をいかに策定するか、計画の必要性、計画づくりの手順と構成、実施計画のつくり方、情報公開、計画文書の形式など計画づくりの論点を様々な視点からご教示いただきました。その講演内容に補筆していただいたものを「分権段階における総合計画づくり」と題してＴＡＪＩＭＩ　ＣＩＴＹブックレットNo２として多治見市から出版しました。また、本市の計画策定プロセスにおいて、先生から学んだことを色濃く反映させました。

そうして策定した第5次総合計画も四年目を迎え、当初の計画どおり、現在、後期実施計画についての見直し作業を進めています。そんな折、公人の友社から、このブックレットを同社から出版したい旨の申し出があり、本市だけではなく全国の自治体関係者がこの内容を共有できることは大変有意義であると考え、喜んでお受けしました。講演当時に比して、自治体を取り巻く環境は一層厳しさを増してきており、出版するにあたり、それらの変化に対し、いかに対応していくかについてのアドバイスを松下先生に加筆していただき、「転型期の自治体計画づくり」として改訂し、出版するはこびとなりました。本市の後期実施計画の見直しにもこのブックレットから多くのことを学ぶことができることと思います。

多くの自治体関係者の皆様にとって、総合計画を中心とした計画行政を充実させる上で、この本が参考となることを願うとともに、多くの読者の方々からのご意見、ご感想をいただければ幸いです。

平成十六年六月三〇日

多治見市長　西寺　雅也

TAJIMI CITY Booklet No. 2
転型期の自治体計画づくり

2004年8月20日 初版発行 定価（本体1000円+税）

著 者 松下 圭一
企 画 多治見市人事秘書課
発行人 武内 英晴
発行所 公人の友社
〒112-0002 東京都文京区小石川5－26－8
TEL 03－3811－5701
FAX 03－3811－5795
振替 00140－9－37773
メールアドレス koujin@alpha.ocn.ne.jp

公人の友社のブックレット一覧

（04.7.31 現在）
表示は本体価格

TAJIMI CITY ブックレット

No.2
転型期の自治体計画づくり
松下圭一 1,000円

No.3
これからの行政活動と財政
西尾勝 1,000円

No.4
構造改革時代の手続的公正と第2次分権改革
手続的公正の心理学から
鈴木庸夫 1,000円

No.5
自治基本条例はなぜ必要か
辻山幸宣 1,000円

No.6
自治のかたち、法務のすがた
政策法務の構造と考え方
天野巡一 1,100円

「地方自治ジャーナル」ブックレット

No.1
水戸芸術館の実験
森啓・横須賀徹 1,166円 [品切れ]

No.2
政策課題研究の研修マニュアル
首都圏政策研究・研修研究会
1,359円

No.3
使い捨ての熱帯林
熱帯雨林保護法律家リーグ 971円

No.4
自治体職員世直し志士論
村瀬誠 971円

No.5
行政と企業は文化支援で何ができるか
日本文化行政研究会 1,166円

No.6
まちづくりの主人公は誰だ
浦野秀一・野本孝松・松村徹・
田中富雄 1,166円 [品切れ]

No.7
パブリックアート入門
竹田直樹 1,166円

No.8
市民的公共と自治
今井照 1,166円

No.9
ボランティアを始める前に
佐野章二 777円

No.10
自治体職員の能力
自治体職員能力研究会 971円

No.11
パブリックアートは幸せか
山岡義典 1,166円

No.12
市民がになう自治体公務
パートタイム公務員論研究会
1,359円

No.13
行政改革を考える
山梨学院大学行政研究センター
1,166円

No.14
上流文化圏からの挑戦
山梨学院大学行政研究センター
1,166円

No.15
市民自治と直接民主制
高寄昇三 951円

No.16
議会と議員立法
上田章・五十嵐敬喜 1,600円

No.17
分権段階の自治体と政策法務
松下圭一他 1,456円

No.18
地方分権と補助金改革
高寄昇三 1,200円

No.19
分権化時代の広域行政
山梨学院大学行政研究センター
1,200円

No.20
あなたのまちの学級編成と地方分権
田嶋義介 1,200円

No.21
自治体も倒産する
加藤良重 1,000円

No.22
ボランティア活動の進展と自治体の役割
山梨学院大学行政研究センター
1,200円

No.23
新版・2時間で学べる「介護保険」
加藤良重 800円

No.24
男女平等社会の実現と自治体の役割
山梨学院大学行政研究センター
1,200円

No.25
市民がつくる東京の環境・公害条例
市民案をつくる会 1,000円

No.26
東京都の「外形標準課税」はなぜ正当なのか
青木宗明・神田誠司 1,000円

No.27
少子高齢化社会における
福祉のあり方
山梨学院大学行政研究センター
1,200円
No.28
財政再建団体
橋本行史　1,000円
No.29
交付税の解体と再編成
高寄昇三　1,000円
No30
町村議会の活性化
山梨学院大学行政研究センター
1,200円
No.31
地方分権と法定外税
外川伸一　800円
No.32
東京都銀行税判決と課税自主権
高寄昇三　1,000円
No.33
都市型社会と防衛論争
松下圭一　900円
No.34
中心市街地の活性化に向けて
山梨学院大学行政研究センター
1,200円
No.35
自治体企業会計導入の戦略
高寄昇三　1,100円

No.36
行政基本条例の理論と実際
神原勝・佐藤克廣・辻道雅宣
1,100円
No.37
市民文化と自治体文化戦略
松下圭一　800円
No.38
まちづくりの新たな潮流
山梨学院大学行政研究センター
1,200円

「地方自治土曜講座」ブックレット

《平成7年度》

No.1
現代自治の条件と課題
神原勝　900円
No.2
自治体の政策研究
森啓　600円
No.3
現代政治と地方分権
山口二郎　［品切れ］
No.4
行政手続と市民参加
畠山武道　［品切れ］

No.5
成熟型社会の地方自治像
間島正秀　500円
No.6
自治体法務とは何か
木佐茂男　［品切れ］
No.7
自治と参加アメリカの事例から
佐藤克廣　［品切れ］
No.8
政策開発の現場から
小林　勝彦・大石和也・川村喜芳
［品切れ］

《平成8年度》

No.9
まちづくり・国づくり
五十嵐広三・西尾六七　500円
No.10
自治体デモクラシーと政策形成
山口二郎　500円
No.11
自治体理論とは何か
森啓　600円
No.12
池田サマーセミナーから
間島正秀・福士明・田口晃　500円
No.13
憲法と地方自治
中村睦男・佐藤克廣　500円

No.14
まちづくりの現場から
斎藤外一・宮嶋望　500円
No.15
環境問題と当事者
畠山武道・相内俊一　［品切れ］
No.16
情報化時代とまちづくり
千葉純・笹谷幸一　［品切れ］
No.17
市民自治の制度開発
神原勝　500円

《平成9年度》

No.18
行政の文化化
森啓　600円
No.19
政策法学と条例
阿倍泰隆　［品切れ］
No.20
政策法務と自治体
岡田行雄　［品切れ］
No.21
分権時代の自治体経営
北良治・佐藤克廣・大久保尚孝
600円
No.22
地方分権推進委員会勧告と
これからの地方自治
西尾勝　500円

No.23
産業廃棄物と法
畠山武道 ［品切れ］

No.25
自治体の施策原価と事業別予算
小口進一 600円

No.26
地方分権と地方財政
横山純一 ［品切れ］

《平成10年度》

No.27
比較してみる地方自治
田口晃・山口二郎 ［品切れ］

No.28
議会改革とまちづくり
森啓 400円

No.29
自治の課題とこれから
逢坂誠二 ［品切れ］

No.30
内発的発展による地域産業の振興
保母武彦 600円

No.31
地域の産業をどう育てるか
金井一頼 600円

No.32
金融改革と地方自治体
宮脇淳 600円

No.33
ローカルデモクラシーの統治能力
山口二郎 400円

No.34
政策立案過程への「戦略計画」手法の導入
佐藤克廣 500円

No.35
98サマーセミナーから「変革の時」の自治を考える
神原昭子・磯田憲一・大和田建太郎 600円

No.36
地方自治のシステム改革
辻山幸宣 400円

No.37
分権時代の政策法務
礒崎初仁 600円

No.38
地方分権と法解釈の自治
兼子仁 400円

No.39
市民的自治思想の基礎
今井弘道 500円

No.40
自治基本条例への展望
辻道雅宣 500円

No.41
少子高齢社会と自治体の福祉法務
加藤良重 400円

《平成11年度》

No.42
改革の主体は現場にあり
山田孝夫 900円

No.43
自治と分権の政治学
鳴海正泰 1,100円

No.44
公共政策と住民参加
宮本憲一 1,100円

No.45
農業を基軸としたまちづくり
小林康雄 800円

No.46
これからの北海道農業とまちづくり
篠田久雄 800円

No.47
自治の中に自治を求めて
佐藤 守 1,000円

No.48
介護保険は何を変えるのか
池田省三 1,100円

No.49
介護保険と広域連合
大西幸雄 1,000円

No.50
自治体職員の政策水準
森啓 1,100円

No.51
分権型社会と条例づくり
篠原 一 1,000円

No.52
自治体における政策評価の課題
佐藤克廣 1,000円

No.53
小さな町の議員と自治体
室崎正之 900円

No.55
改正地方自治法とアカウンタビリティ
鈴木庸夫 1,200円

No.56
財政運営と公会計制度
宮脇淳 1,100円

No.57
自治体職員の意識改革を如何にして進めるか
林嘉男 1,000円

《平成12年度》

No.59
環境自治体とＩＳＯ
畠山武道 700円

No.60
転型期自治体の発想と手法
松下圭一 900円

No.61
分権の可能性スコットランドと北海道
山口二郎 600円

No.62
機能重視型政策の分析過程と財務情報
宮脇淳　800円

No.63
自治体の広域連携
佐藤克廣　900円

No.64
分権時代における地域経営
見野全　700円

No.65
町村合併は住民自治の区域の変更である。
森啓　800円

No.66
自治体学のすすめ
田村明　900円

No.67
市民・行政・議会のパートナーシップを目指して
松山哲男　700円

No.69
新地方自治法と自治体の自立
井川博　900円

No.70
分権型社会の地方財政
神野直彦　1,000円

No.71
自然と共生した町づくり
宮崎県・綾町
森山喜代香　700円

No.72
情報共有と自治体改革
ニセコ町からの報告
片山健也　1,000円

《平成13年度》

No.73
地域民主主義の活性化と自治体改革
山口二郎　600円

No74
分権は市民への権限委譲
上原公子　1,000円

No.75
今、なぜ合併か
瀬戸亀男　800円

No.76
市町村合併をめぐる状況分析
小西砂千夫　800円

No.78
ポスト公共事業社会と自治体政策
五十嵐敬喜　800円

No.80
自治体人事政策の改革
森啓　800円

《平成14年度》

No.82
地域通貨と地域自治
西部忠　900円

No.83
北海道経済の戦略と戦術
宮脇淳　800円

No.84
地域おこしを考える視点
矢作弘　700円

No.87
北海道行政基本条例論
神原勝　1,100円

No.90
「協働」の思想と体制
森啓　800円

No.91
協働のまちづくり
三鷹市の様々な取組みから
秋元政三　700円

《平成15年度》

No.92
シビル・ミニマム再考
ベンチマークとマニフェスト
松下圭一　900円

No.93
市町村合併の財政論
高木　健二　800円

No.95
市町村行政改革の方向性
佐藤克廣　800円

No.96
創造都市と日本社会の再生
佐々木雅幸　900円

No.97
地方政治の活性化と地域政策
山口二郎　800円

No.98
多治見市の総合計画に基づく政策実行
—首長の政策の進め方
西寺雅也　800円